Manual for School Mental H

学校における
子どものメンタルヘルス
対策マニュアル

ひとなる書房
HITONARU SHOBOU

【目　次】

第1章　制度疲労下の学校 …………………5
　1．新たな学校のあり方を求めて　6

第2章　問題生徒への理解と対応 …………17
　1．単独で非行を繰り返す生徒　18
　2．集団非行　25
　3．性的非行　34
　4．校内暴力　44
　5．いじめ　62
　6．不登校（小学校低学年を中心に）　69
　7．不登校（中学校）　81

第3章　生徒の心身の問題への対応 …………87
　1．小児心身症　88
　2．摂食障害（拒食症と過食症）　97
　3．精神分裂病とうつ病　101
　4．通常学級に通う軽度発達障害の子ども　109
　　a．発達障害とは何か　109
　　b．軽度知的障害の子ども　115
　　c．高機能広汎性発達障害の子ども　120
　　d．学習障害（特異的発達障害）の子ども　125
　　e．注意欠陥多動性障害（ADHD）　136

第4章　こんな時にはどうする …………145
　1．虐待を疑うが確信がない　146
　2．やることなすこと腹が立つ生徒　152
　3．生徒の恋愛・妊娠　158

4．キレる子・暴力的な子　*164*
    5．孤立する子　*170*
    6．異性の教師に接近してくる生徒　*178*
    7．学級崩壊　*182*
    8．生徒が犯罪被害者になったとき　*196*

第5章　他機関との連携・活用 …………………… *205*
    1．医療機関の活用の仕方　*206*
    2．保健所・保健センター　*211*
    3．児童相談所　*217*
    4．警察との連携　*222*
    5．ＰＴＡ　*227*

第6章　学校のメンタルヘルス …………………… *231*
    1．教師のためのメンタルヘルス　*232*
    2．問題行動のプラスの側面―心の病気の特殊性について　*244*
    3．学内連携その１―若手一般教師の場合　*249*
    4．学内連携その２―ベテラン教師の場合　*260*
    5．生徒のためのメンタルヘルス　*264*
　　　―養護教諭が行うメンタルヘルス授業の一例

付録　メンタルヘルスの基本的用語集 ……………………… *271*

あとがき　*282*
執筆者一覧　*284*

・おことわり
　文中、＊のついた用語については、巻末の付録「メンタルヘルスの基本的用語集」で解説してありますのでご参照ください。

第1章

制度疲労下の学校

第1節　新たな学校のあり方を求めて

1．戦後の学校の変遷

　学校教育が始まりすでに100年が経過しました。学校教育がこれまでに果たしてきた役割について、その意味づけは別として、否定するものは誰もいないのではないかと思います。冒頭に、戦後の学校教育の変遷について概観しておきたいと思います。
　そのためにまず、学習指導要綱の戦後の変遷をたどってみたいと思います。文部科学省による学習指導要綱の改正は、ほぼ10年おきになされており、振り返ってみると、驚くほどその時代を反映した「改正」が繰り返されているのです。

(1) 学習指導要領の推移
　新学制（6・3制）の発足は1947年でした。この制度は周知のようにアメリカ合衆国日本占領軍の指導により民主化改革の一環として行われました。この最初の学習指導要綱では、初めて「社会」「家庭」「自由研究」などが登場し、生活や経験を重視した教育が目標とされました。この教育改革は戦後民主主義を育てる土壌となることに焦点が当てられていました。約10年後の1958年、戦後初の指導要綱の全面的な改正がなされます。当時始まった冷戦を反映し、戦後の改革への反動が押し寄せるのです。学力低下が生じたという批判が強まり、戦後の教育改革の中で強調された経験的な学習から従来の教科教育を中心とする学習へとカリキュラムが戻され、系統的な学習を行うことが強調されました。ちなみに「道徳」が作られたのはこの改正以後のことです。しかし、この58年の

指導要綱に関しては、その後10年の間にしだいに"詰め込み教育"という批判がなされるようになります。時あたかも高度経済成長時代を迎え、またスプートニクショックの時期でもあり、生活や国の発展のために科学振興の必要性が強く叫ばれるようになります。このような批判を受けて、教育の科学化をテーマにした改正が1968～9年に行われました。ときは70年安保を前にした時代です。いわゆる戦後のベビーブームのピークに位置する団塊の世代が高校を卒業する年代に差しかかっており、受験戦争という言葉が定着するようになります。そして今度はカリキュラムに対して内容が高度すぎ、落ちこぼれが多く生じているという指摘がなされるようになります。後述するようにこの時期は戦後教育の一つの分水嶺となる時期です。

　70年代はオイルショックと同時に高度経済成長時代が終焉する時期です。1977年に「ゆとりの充実」をキャッチフレーズとした改訂がなされました。この改革による小学校の授業時間数の変化を見ると小学校１～３年の授業時間が増やされ、５、６年が減らされています。心の教育の登場はここからです。ちなみに文部省が不登校やいじめの問題を公的に認めたのは実はこのあたりではないかと思われます。そして80年代は、わが国が世界の経済を牽引する状況の中で、いわゆるバブル経済に向かって突き進む時期となります。1989年の改訂では「個性化」をキーワードに生活科が新設され、高校では地理歴史科、公民科と社会科の再編がなされました。学校５日制への移行も開始されます。そして90年代はバブル崩壊の時期です。1998年の改正では（2000年から部分実施、2002年から完全実施）、ご存じのように「総合的な学習」が新設され、学校５日制の完全導入がなされます。「総合的な学習」では体験的な学習や問題解決的な学習に生徒が取り組むとされています。

(2) 学校問題の推移
　さて、このような戦後の推移を今度は学校関連の問題の推移から見て

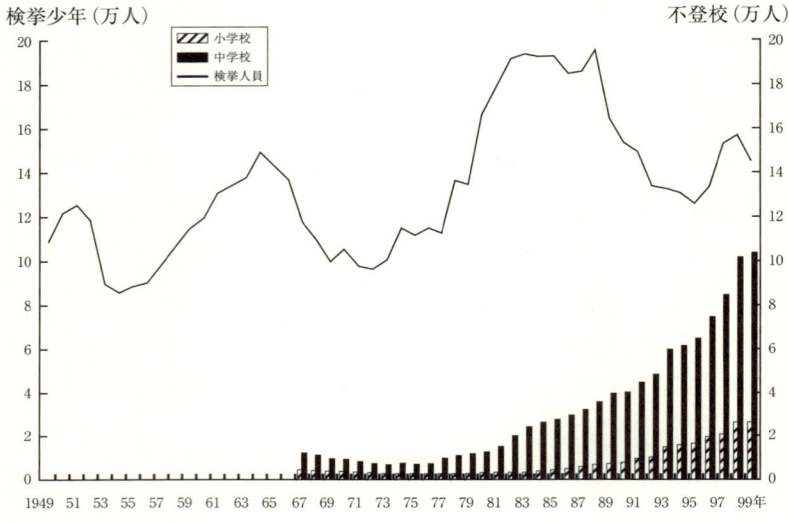

図1-1-1 少年の検挙人員と不登校の推移

みたいと思います（図1-1-1）。図の中では戦後のわが国の非行の推移を線グラフで、不登校の推移を棒グラフで表しています（非行は『青少年白書』、不登校は『学校基本調査』により作成）。周知のように戦後の非行の推移は三つのピークをもっています。最初のピークは戦災孤児や戦後の浮浪児が中心の、いわば生きていくための非行であり、社会の安定と同時に急速に減少します。この時期に日本では不登校はまだ存在していません。非行の第二のピークは高度経済成長時代に重なります。いわゆる遊び型非行と呼ばれる非行の登場です。そしてこの時期に、不登校はアメリカに比べると約40年のタイムラグを経てわが国に上陸し最初のピークを迎えます。しかしこの両者が1970年ころに急激に減少するのです。そして1975年ころから再び両者ともに増加に転じ、非行は1985年を前後して第三のピークを形成しますが、一方、不登校はその後も増え続け今日に至ります。つまりここで初めて不登校と非行が乖離するのです。

第二のピークと第三のピークの間の落ち込みの理由にはいくつかの意

見が寄せられています。滝川は、この時期に高校進学率が60％台から90％台に上昇したことに注目し、高校進学という目標が与えられたことが両者のドロップアウトを減らしたのではないかと指摘しています。また筆者はこの時期が世界的な若者の反乱に重なり、「若者が世界を変える」という幻想の中で、高校や中学まで一時期自由化がすすんだことがドロップアウトを減らした要因の一つではないかと考えています。しかし世界レベルの比較をしてみますと、この落ち込みの時期はすべての欠席児童が義務教育において1％以下になったという世界的に見ても例外的な状況であったと考えられます。このボトムから第三のピークに至る状況は大きな変化の時期となります。内申書の導入がこの時期であり、学力のみならず、性格や素行も評価の対象とされるようになります。竹内はこの時期を、子どもの囲い込み第二段階と呼んでいます。そして、この第三のピークに伴走するそれ以外の学校関連の現象を見ると、まず1983年前後まで校内暴力が、さらに引き続いて深刻ないじめが問題となるのです。いじめのピークは年間30万件を数えた1985年で、筆者はこの時期のいじめを80年型いじめと呼んでいます。しかしこれらの問題は非行の第三のピークにあわせていったんは急激に減少します。

　さて、この非行の第三のピークの内容を調べてみると、その中心が軽犯罪の急激な増加であることは特筆してよいと思われます。青少年の基本的モラルのあり方の変化が、このあたりで明らかになるのですが、恐らくは日本人の気質そのものが大きく変化したのです。筆者はベテランの先生方から、ロッキード裁判後から自分の起こした不祥事に対して「忘れました」という言い訳が増えたと聞いたことがあります。

　しかし非行は1988年を境に急激な減少に向かいます。この時期に一致した背景となる状況としてはつぎの諸点を挙げることが出来ます。第一は児童人口の減少です。中学校生徒数のピークは1988年であり、それから緩やかな減少傾向が続きます。少子化傾向が急速に進み、生徒数が減ることは、いうまでもなく個々の生徒に対する細やかな対応を可能にし

ます。第二はこれに前後して高校卒業資格を獲得できる専修学校が増加したことです。これらの学校は、中学から高校への関所で阻まれていた突っ張り少年たちに、居場所を与えるという機能を果たしたと考えられます。第三はバブル期の人手不足です。中学卒業者にも職場があり、またその職場を飛び出しても新たな職場が比較的容易に見いだせた時代がしばらく続いたのです。

　しかし不登校は先に述べたように増え続けます。滝川の指摘するように豊かな世界の実現と同時に、"貧しい此岸から豊かな彼岸への梯子(はしご)"となる「学校という規範」はすでに失われており、義務教育の目的そのものが大きな転換を必要とされるようになってきたのです。1994年、いわゆる大河内君の事件をきっかけにいじめが再び大きな問題となります。この90年型いじめのピークは1995年であり年間6万件が報告されます。非行も1996年から再び急激な増加に転じこれから第四のピークを作ることが確実の状況です。

2．現在の状況

　現在の状況ですが、いじめは1998年度は36,396件でした。先に述べたように1995年をピークに減少傾向にあります。一方1998年度の公立小中高等学校での暴力行為は、校内で29,671件、校外で5,561件生じ、大幅な増加が続いています。うち約4,500件は対教師暴力であり、小学校でも195件の対教師暴力が生じています。また校内での暴力行為は公立中学校高等学校全体の3割に生じていました。1999年小中学生の不登校は13万人（小学生26,000人、中学生104,000人）を超え、全中学生の2.5％になろうとしています。また高校の中退者は2.6％と過去最高を記録しました。1998年度に自殺した小中高校生は338人でした。

　さて以下の論の前に注意を喚起しておきたいのは、これらの数字はいずれも国際比較の上ではいまだにもっとも低い水準にあるということで

す。非行件数は、いわゆる先進国の数分の1に過ぎず、また殺人等の凶悪犯罪が非常に低水準にあることはわが国の大きな特徴です。また先進国において、義務教育の児童、青年の1割から2割が学校を休むということはむしろ一般的な状態となっています。9割の児童が16歳までに同級生が殺された経験をもっているといったアメリカ合衆国のスラム地区を対照として持ち出すのはあまり有益なことではないかもしれません。しかし優れた教育制度と福祉制度で知られるスウェーデンのストックホルムにおいても、高校の中退者は17%に達するのです。このうち12%は成績不良の者、5%は成績のむしろ良い者です。ものの見事に、標準偏差曲線の両側が落ちてしまうのです。この数字はわれわれに大きな衝撃を与えます。なぜなら、小学校が22人学級で、全生徒の2割が個別のカリキュラムを受け、学校心理士も学校ソーシャルワーカーもいて、なおかつ17%の生徒が脱落するのであるとすると、現在わが国で行われようとしている教育制度改革は何をしても無駄ではないかとも思われるからです。しかし、むしろこの数字に示されるのは、わが国の学校や教師の質の良さであることも強調しておきたいと思います。多くの批判にも関わらず、わが国の学校、そして教師は教育の場を守り続けてきたのです。

3．学校教育の二極化

(1) 問い直される学校の意義

　21世紀を迎え、学校教育はその目的そのものが問い直されています。そもそも学校の目的は何でしょうか。学校の意義としてすぐに考えつく答えは、生きていくために必要な知識を身につける場というものです。しかしそのような知識は、実は小学校で教えられる内容、つまり新聞が読め、役所の書式が記載できる程度の国語力及び四則計算と基本的分数、いわゆる読み書きそろばんに限られるのです。それ以上をわれわれが日常で使っているでしょうか。さらに、よく言われるものとして社会階層

形成のためという答えがあります。俗にいう良い学校、良い会社、良い生活という図式です。しかしながら短大や大学を含めて高等学校よりも先の教育を受ける割合はわが国において4割強であり、過半数の青少年には当てはまらないことが難点です。また昨今の状況は、良い会社が安定した良い生活に直結しないことが明らかになってきました。さらにうがった答えとして失業者のための一時貯水池（プーリング）という見解があります。確かに高校生、大学生がすべて働き出したとしたら失業率は数倍に跳ね上がるでしょうから、大多数の青少年を生産ではなく消費に張りつけておくというのは国家的な深謀であるのに違いありません。

　しかし少なくとも学習という側面に関しては、中学校ですでに、だいたいの教科がほぼよくわかるという生徒は30％程度となってしまっています。そして高校に至っては、偏差値による輪切りによって、小学校高学年レベルの学力の生徒が集まる高校から、大学進学をほぼ全員がめざす高校までが存在することになります。つまり小学校高学年を境に学習の意味が異なってくるのです。

(2) 二つの側面

　現在のわが国における中学校以後の教育の存在意義としては、非常に単純化をすると二つの側面があることが指摘できます。一つは学力試験を手段とする競争による、社会階層形成のためのふるい分け機能で、生徒全体の4割がこれに参加しています。もう一つは労働者のプーリング機能で、6割強が参加しています。後者の場合、要するに一つの大きな要素は時間つぶしをしているのです。このような議論は現場で教育に苦闘されている諸先生方の激怒をかうのではないかと思いますが、いわゆる底辺校と呼ばれる公立高校では、この10年間授業が成立しないことは珍しいことではありませんでした。中学校は1975年から85年にかけて、校内暴力が蔓延した時期がありました。力の対応によっていったん落ちつきましたが、都会を中心に一部の中学校では授業がほとんど成り立た

ない状況は続いていました。そしてこの数年、小学校においても授業が成立しない状況が出現しつつあることはご存じのとおりです。学校のような場は、基本的なルールが相互の暗黙の了解の内に成立していてこそ可能なのであって、そのような規範がすでに疑わしくなっているのです。

　それでは、学校はもはや不用なのでしょうか。モラルの低下という問題については仕方がないことのように思えます。政治家や官僚や銀行などのトップの「非行」がこれだけ生じ続けている状況の中で、中学生だけルールを守るように言っても説得力があるとは思えません。このような大人社会のモラルの崩壊と軌を同じくして青少年の状況は生じているのであってその逆ではありません。むしろそれよりも、家庭の養育能力が余り当てにならなくなった今日の状況の中で、基本的な保護や躾や学習が家庭では保証されなくなったときに、学校の役割はより重要になることを指摘したいと思います。基本的に無料で、子どもたちにそれらを提供してくれる場所が学校をおいて他のどこにあるでしょう。筆者は今後学校の役割は増すことはあれ減じることはないのではないかと考えます。しかしそれにしても、学校教育の目標そのものを見直す必要が生じていることは疑いありません。

4．学校教育の今後の方向

　文部科学省もフリースクールへの参加を登校にカウントするなど、学校だけが学ぶ場ではないということを公認するように変化してきました。また学校で修得する学力と実地に必要とされる学力との間にずれがあり、英会話教室に代表されるように学校以外の教育機関のほうが、より有用な学習の場となっている状況も知られるようになってきました。ただし学習塾を含むこれらの専修学校はいずれも有料です。この有料ということがプラスマイナス両面に影響しています。またさらに、職業上必要な知識や技術が日進月歩であり、学校で学ぶことが短期間に遅れた

ものとなってしまう領域も少なくありません。いずれも従来の学校の役割に変革を求めるものです。いくつかの可能性を提示してみたいと思います。

　第一は、契約という概念の導入です。学校教育においても他のサービスのように契約の概念をより明確にすることで新たな視点が与えられます。児童、父母とのインフォームドコンセント*が交わされることが必要です。何をするか、何ができるか、そして何ができないか。子どもには何が求められるか。ルール違反の場合にはどうするか。中学受験を希望する生徒には学校としては何が提供出来るのか。部活動はこの学校では何を目標として行われるのか。

　契約の明確な導入はまだ時期に至っていないとしても、少なくとも口頭である程度を取り交わすことは可能と思われます。「子どもの権利条約」の批准もなされました。権利の行使は当然義務も生じるものと考えられ、学校教育においても、ルール違反に対する罰則も含めて、契約の意識が生まれても良いのではないでしょうか。いや今後、不可欠になっていくのではないでしょうか。

　第二は、上記に直接関係するのですが集団から個別への切り替えです。目標の到達に関して飛び級が認められる機運が出てきましたが、むしろ必要であるのは非到達に対して落第を実施することです。これも契約の意識が双方にあってはじめて可能なことではありますが。とくに障害児は、個別の対応を必要とする最たるものです。これまで通常学級においては軽度障害児に対してあまりにも無知であり続けてきました。学級崩壊にしても報告を読む限り、その核に注意欠陥多動性障害や高機能広汎性発達障害の症例と思われる児童が認められる場合が少なくありません。このような状況は集団による学級運営が中心となり、個々の児童の個性が十分に配慮されなかったこれまでの学校教育の状況を反映しているものと考えられます。

　第三に、上記の問題に絡むのですが、カリキュラムのレベルの区別が

より必要となるものと思われます。教師の側は周知のことであるかもしれません。だがそれを生徒、保護者と共有する必要があります。この点に関しては特殊教育における実践が参考になるものと思われます。将来の生活に不可欠な部分、知っておくと良い部分、一般教養部分、特定の領域では必要な部分、進学競争にのみ必要な部分、今後数年以内に変わるに違いない知識、技能の部分など。このなかで学校以外での教育の受け方についても情報が与えられるべきです。また先に少し触れた課外活動の部分も、その位置づけを明確化する必要があるものと思われます。

　私たちは学校のすべてを権力者の支配の道具と考えたり、学校をすべて不用な存在と考える立場にはくみしません。人は今日、教育を受けることが必要です。このことをもっとも雄弁に語るのは、公教育が機能しなくなった先進国のスラム街の非行の状況です。英国の児童精神科医ラターは、1998年のスウェーデンの国際児童青年精神医学会の特別講演で、「学校教育で教育が不可能になった状況において、青少年への教育可能性を持つ残る組織は軍隊をおいて他にない」と述べました。このような状況はいわゆる先進国の一部においてすでに現実のものとなっています。

　公教育という制度がその性格を大きく変える転換点にわれわれは立っています。考えてみれば、人、そして国の目標を含め、文化全体が大きな転換点に立っているのです。このマニュアルがとりわけ現場で苦闘している教師の方々に、有益な情報をもたらすものであると確信しています。

(杉山登志郎)

第2章

問題生徒への理解と対応

第1節　単独で非行を繰り返す生徒

1．はじめに

　非行を繰り返す生徒に対する対応は教師を悩ませるものの一つです。とくに凶悪化した少年非行が幾度となくマスコミをにぎわせている昨今、その対応も真剣に検討しなければなりません。非行には万引きやお金の持ち出し、窃盗、傷害行為、性的非行など、さまざまなものがあり、初めて万引きをしてしまった生徒から、盗みを繰り返すようになっている生徒まで、その問題の現れの時期もまたさまざまです。ここでは、集団行為としてではなく、単独で非行を繰り返す生徒の例をあげて考えてみましょう。

2．単独非行の精神力動（心の動き）

　単独で非行を繰り返す場合は、仲間関係での集団力動＊（集団のなかでの人間関係の圧力）で非行を起こす場合に比べて、子ども自身の精神的力動つまり心の動きがより大きく関与していると考えられます。仲間関係をもてない場合も少なくなく、そうした意味で集団非行をする場合よりも心の健康度のレベルではより良くないものが含まれています。一過性の軽度の非行でも、それが繰り返される場合、子どもの心の中で、衝動統制や怒りの処理がうまくいかなくなっており、自己不全感を抱かざるを得ないような、自己感覚（自分がこれでうまくやれるという感覚）の不確かさがあると考えられ、その子どもの心にとってはかなり深刻な問題になっていると考えられます。神戸の少年殺害事件に代表されるよ

うな近年の極めて深刻な非行（行為障害）の壮絶さは、言うまでもなく、そうした非行をしてしまった子どもの人格の深部に至る深刻な情緒発達上のゆがみを想定させるものです。ここでは、ウィニコットの情緒発達理論を基にした、非行の精神力動について紹介しておきます。

ウィニコットによれば、盗みは周囲が自分のために思いやりや愛情をかけてほしいという要求として顕在化するといいます。非行は子どもが本来得られるべき発達促進的（自分の成長を保障してくれる）な環境を求めての希望の表現として考えることができ、子どもの衝動性や攻撃性を適切にコントロールしてやることが彼らの心を落ち着かせていくことにつながります。また、ウィニコットは、思春期＊には青年は愛情剥脱と類似した心的体験を経験し、抑うつ的で無気力な動きのとれない状況に陥り、非行が、そこから逃れる手段として利用されることを指摘していました。辻井・中島らは、そうした反社会的傾向に関する論考を基に実証的な検討を行い、日本の非行少年のとくに女子例においてそうした傾向が高いことを示しました。

ウィニコットが指摘しているように、非行がたび重なると非行行為そのものがもつ上記のような心理的問題としての意味は薄れ、二次的にそうした行為自体がパーソナリティ（性格）の構造に親和的なものとなり、悪いことをしたという罪悪感を感じなくなってしまいます。そうした状態の子どもの心の中にみられる異常な状況の特徴を猪股は以下の6点にまとめています。①親から見捨てられてきたという根深い恨みや不信感、憎しみを抱き、自分は生きる価値がないと感じていたりする。②他に対する攻撃性が強く、親や社会を困らせるために問題行動を起こしている。③他罰的で自分自身の問題と感じにくく、治療が成立しにくい。④情緒的に未成熟で不安定。ストレスに対する耐性が低く行動化しやすい。⑤心身の発達のアンバランスが大きい。⑥とくに常習性非行の場合には、虐待が背景にあるなど家族病理が深い。

教師はいろいろな水準・タイプの非行をしてしまう生徒と関わる機会

があるでしょうが、非行の初期段階において対応することが最も重要ですので、ここでは比較的軽いケースをとりあげます。

3．症例

(1) 症例の概要
症例―A男（初診時、小学校5年）

　A男は5年生になって、家にあるお金をたびたび持ち出し、自分の欲しいものを買ったり、近くのコンビニからお菓子を持ってきてしまうことが続くようになってきた。学校でも級友のキャラクターの入った鉛筆などがなくなって、A男の筆入れから見つかることが続いた。注意しても自分がやったとは認めようとせず、授業中は集中せず、勉強もできなくなっていった。この段階で、両親が心配し、総合病院の心理相談に来た。

　A男は両親と姉との4人家族。彼の生育歴に関しては、胎生期、出生時ともにとくに大きな問題は見られない。首の座りが4ヵ月半、歩き始めが1歳4ヵ月など、運動発達に遅れが見られたが手のかからない子だった。言語発達も発語が1歳10ヵ月と遅い経過であった。3歳から保育園に入園したが、2ヵ月ほど登園をしぶった。友達がなかなかできず、よく泣いておもらしをした。小学校に入って、入学式で返事ができなかった。行動が遅いのでいつもワンテンポ遅れるところがあった。友達ができ、遊びにいくようにはなったが、どちらかというと無口で、一人でブロックなどで遊んでいることが多かった。5年生になって、下級生に石をぶつけて泣かせたりすることがあった。夏休みに入ってから、金遣いが荒くなり両親が不審に思って調べたら、母親の財布からお金を持ち出していた。2学期に入り、行動が落ち着かなくなり、理科室でアルコールランプに火をつけて問題になった。

初診後、小児科にて神経心理学的ソフトサイン*、脳波、染色体検査を実施したが異常は見られなかった。知能検査（WISC-R)では、言語性ＩＱ100、動作性ＩＱ104で、全ＩＱ102だった。バウム・テストでは、左下に柿の木の描画を描き、消極的で対人交流や情緒的な発達に問題を感じさせた。

(2) 心理的治療経過

児童精神科医による初診のあと、臨床心理士が継続的な面接を行った。

面接室では、固い表情で、話しかけてもなかなか自分からは応じようとせず、促されてやっとぽつぽつ口を開いた。万引きや持ち出しをしてしまうことをやらなくしていきたいかどうかを尋ねたところ、「やらなくなるようになりたい」と答えた。筆者が、それなら本当はいつからお金を持ち出したりしていたかを再度尋ねると、「４年生の夏休みくらいからやっていた」と話しだした。200円程度持ち出していたのが、５年生の１学期から大きな額を持ち出したり、万引きするようになっていたようだった。２回目の面接で学校でのようすを聞くと、担任の教師のことは「時々、嫌いになる」そうで、とくに「発表でうまく言えないと立たせる」ことがいやなようだった。学校でも自己表現がうまくいかないところがあるようだった。母親については「わかってくれないことがある」と不満を少しだけ言うことができた。自己コントロールをしやすくするように、ごく短い日記と小遣い帳をつけることを約束した。以後、隔週で面接を継続した。

日記や小遣い帳は、母親に言われながらだが、しっかりつけていた。日記の表現は年齢からすると拙いものだが、継続できていることを評価した。家ではテレビでアニメを見ることが好きで、今は友達の家でファミコンをやるのが楽しいということだった。少しずつ表現できるようになってきた。級友についても「やさしくない子がいる。みんな、自分のことだけ考えている」と語った。３ヵ月ほど継続して面接したところで、

実は5年生の初めから集団登校ができていないことを母親から語られ、それをA男と話し合って、頑張ることに加えた。筆者との約束は守ろうという気持ちはあり、時々できないことはあったが、徐々に集団登校できるときも増えてきた。母親は、A男の頑張ったことを認めてあげることができにくいようで、母親の課題として、良いところ・頑張っていることはほめることをA男の前で提案した。すると、その後は家からの金銭の持ち出しが、親が姉だけに本を買い与えた時に一度あっただけになり、万引きもしなくなった。宿題もやれるようになり、学校でも落ち着いて授業を受けられるようになった。

　A男の問題行動の背景が徐々にわかってくるなかで、A男の行動が落ち着いてきた。5年生で厳しい担任教師になり、友人からいじめられることもあり、もともと自己表現の下手なA男としては、うまく対応できなかったのだろう。友人とも楽しくやれるようになったことを確認したうえで、面接をとりあえず終了した。

4．症例についての若干の考察

　この症例の場合、発達が全体的にゆっくりであること、現実場面での対応の柔軟さが欠けていることなど、生来の何らかの「個性」が背景にある可能性は否定しきれませんでした。また、3歳からの登園しぶり、おもらしなど早期から情緒的問題を呈しており、母子関係のなかで十分に心的な安定感を得られず、心のなかの自分自身を安定させるようなイメージの形成ができなかったことが推測できました。中学年までは、基本的な安定感が得られていないながらも学校生活をしてきましたが、対人関係面での自己表出に関しては極めて未熟な様相でした。彼の日常生活からは、どこかわかってもらえない寂しさを感じることができました。前思春期になり内的な衝動性や攻撃性が増大するなかで、親を困らせるような形での問題行動を頻発させたと考えられます。そうした意味では、

非行という症状を通して彼が気持ちを訴えたい相手とは母親であったと考えられました。

表出的な精神療法＊よりもＡ男の場合は、自分の行動を自分で管理することを中心とした支持的な精神療法のほうが適当と判断し、自分を少しずつコントロールできる体験と同時に、家庭で課題をやりＡ男と母親が関わる機会が増えるように工夫してみました。しかし、母親自身もＡ男に対してほめたり評価したりすることが苦手だったので、あえて母親自身の課題としながら取り組みました。Ａ男を支える家族状況ができたところで精神療法としては終了にしましたが、Ａ男自身の内的な未熟さは、成長しつつある年齢だという点を考慮しても大きいもので、思春期においてさらにさまざまなサポートが必要であろうと推測します。

5．単独で非行を繰り返す生徒への対応

児童期の単独非行の場合、少なくとも軽症例においてはＡ男のような非行行為自体に無意識＊的なメッセージ性が込められていることが多くあります。教師は子どもの非行に対して単に「指導する」というスタンスだけでなく、非行行為に込められていた意味を理解しようとする態度ももっている必要があります。ウィニコットも指摘していたように、彼らの問題行動は多くの場合、周囲の大人、とくに両親からの愛情を求める現れや、衝動性に脅かされないですむように大人たちに心を抱えてほしいという欲求の現れと理解することも可能なことが多いのです。このようなときには子どもの心理的問題が家庭内で取り扱われていないことが少なくなく、家族調整を行い子どもの心の動きが両親によって取り扱われる体験を重ねていくことが必要です。しかし一方では、家庭環境の調整が難しい場合でも、教師が、周りの大人とは異なった態度で子どもに接して、これまでとは異なった関係性を取り結ぶことができれば、子どもはついつい非行行為をしてしまう（無意識的な）反復から抜け出

ることは可能です。

　こうした症状化・行為化してしまっている場合には、子どもは教師などの家族以外の大人とも同じような関係を繰り返しやすく、自らまわりの大人から見捨てられるような行動を無意識のうちに取りやすいことを、教師は知っておくほうがよいと思います。教師が、子どもがなぜ非行行為をしてしまうかを考えることができ、行為の背後の寂しさ、劣等感、わかってくれない怒りなどを理解し、少なくとも在学中において子どもを見捨てないことが続けられれば、子どもの将来に向けての大きな変化を生み出し得ます。

　非行行為が何度も積み重なる場合ほど、成人期以降の犯罪へ移行していく危険性は高くなり、対応が困難になっていきます。初期の問題行動、できれば最初の非行行為を逃さず、しっかりと対応することが極めて重要です。また家庭環境の調整などを重ねてもなおかつ非行行為が頻発する場合、器質的*な要因を考慮する脳波などの医学的検査の実施や薬物療法の可能性も含めて、児童精神科の専門医を受診することが必要です。

（辻井正次）

【参考文献】
・猪股丈二：行為障害の薬物療法．精神科治療学，14，169-174，1999．
・辻井正次・中島啓之：非行少年の両親像とドルドラム－Winnicott, D. W. の情緒発達理論からの検討．犯罪心理学研究，33，1-16，1995．
・Winnicott, D. W. (牛島定信監訳)：子どもと家庭－その発達と病理．誠信書房，1984．
・Winnicott, D. W. (北山修監訳)：児童分析から精神分析へ－ウィニコット臨床論文集Ⅱ．岩崎学術出版社，1990．

第2節　集団非行
　―「集団」という視点による非行理解とその対策―

1. 非行を「集団」という視点から理解する重要性

　非行を理解するための視点はいくつかあります。たとえば非行を子どもの性格という視点から分析することもできますし、家庭環境という視点から分析することもできます。非行を分析するためのさまざまな視点にはそれぞれ短所と長所がありますが、指導して立ち直らせるという観点を考えると、非行を分析するために有効なものが「集団」という視点です。その理由は、非行が集団で行われた場合、グループダイナミックス＊（集団の力による心の動き）が働くため、個人の特性（性格や家庭環境）を超えたところで非行が生じるからです。つまり性格や家庭環境という一般的に考えられている非行の原因だけでは、非行は理解できないのです。

　たとえば非行を起こした子どもの保護者が「うちの子は気が弱くて、非行はとてもできないと思っていました」と語る場合があります。グループダイナミックスが働くと、一人ではとても非行を起こせない子どもでも、相互にしかも同時に影響を与え合っているため、驚くほどの大胆な非行行動をとることがあるのです。したがって非行を集団という単位で考え、集団単位で働きかけを考える必要があります。逆に言えば個人に対する働きかけには限界があるのです。

　「集団」を別の用語で表現すれば、システムと言ってよいでしょう。われわれは、国家や職場、家庭などのシステムの中で生活しています。そのシステムのさまざまな規則によって拘束を受けて行動しています。

非行を起こす子どもたちも、その所属するシステムの中で行動し、そのシステムの拘束を受けて行動しているわけです。

　ここでは「集団」という視点から、集団非行をどう理解し、どう指導したらよいかポイントをまとめてみることにします。

2．集団非行の理解と指導のポイント

(1) 非行集団への加入の動機はどのようなものか

　非行集団への加入の動機を考えてみることは重要です。その子どもがその非行集団に何を求めているのかがはっきりするからです。逆に言えば、何を非行集団に求めているか明らかにし、解決しない限り、その子どもが非行集団から離れていくことは難しいといえます。つまり非行集団への加入動機をまず明確にして、その手当てを考えることが大切となります。

　非行集団への加入の動機として、つぎのようなことを考えることができます。

　まず、家庭や学校などに明確な不満（父母のしつけが厳しいとか、教師に対して不信感を抱いているなど）があって、その不満を発散するために非行集団に加入している場合が考えられます。不満を抱えた子どもは、その心情を親や教師に理解してもらうことをあきらめて、非行集団の仲間に理解してもらうことを求めます。多くの非行を起こした子どもが口をそろえて言うことですが、彼らは仲間同士に対しては親切でやさしいという傾向があります。非行を起こす子どもは健全な学校生活から落ちこぼれているという劣等感があり、いわば彼らなりに心の傷を負っています。そのため仲間の悩み事には敏感に反応し、その心情に共感します。非行集団のメンバーの家庭環境を調べると、皆同じような不遇な家庭環境であり、そのために寂しさを感じているということはよく見受けられます。だからこそ悩みや不満を抱えた子どもは、抵抗感なく非行

表 2-2-1　集団非行の理解の視点とその対策

視　点	内　容	対　策
非行集団への加入動機	①家庭や学校への不満 ②受験勉強からの離脱 ③部活動の引退による目標喪失	①⇒問題を具体的に明確化して解決する。 ②⇒進路指導 ③⇒受験勉強への目標の切替え
非行文化への感染の程度	①反社会的な価値観 ②非行技術の習熟	非行文化とは何かを具体的に教える。
リーダー的存在の生徒の見極め	①行動力のある生徒 ②非行文化を持ち込む生徒 ③非行性が最も高い生徒	リーダー的存在の生徒をまず指導する。
交友関係の範囲	①同学年に限定されるか、先輩まで及んでいるか。 ②学校内に限定されているか、他校にまで及んでいるか。	①⇒他の教師との連携 ②⇒他校や関係機関との連携
指導後の集団の反応	①すぐに非行から立ち直る生徒 ②しばらくすると非行を再発させる生徒 ③指導直後から非行を開始する生徒	①⇒非行からの回復を見守る。 ②⇒粘り強く指導を継続する。 ③⇒関係機関と協議して保護環境を準備する。

（筆者作成）

集団に接近し、親切でやさしいメンバーに心を開き、その集団の中で傷ついた心を癒そうとするのです。

　したがって子どもの不満が具体的で特定できるのであれば、その問題を解決することが、非行集団から離脱するための前提条件となります。子どもたちのもっている不満などを十分に聴き、解決できるように援助します。非行集団に入らなくても教師や家庭の援助によって、心情が十分に癒されるということを子どもに教えることが大切なのです。

　またとくに中学3年生は、高校への受験勉強に馴染めないことを契機

として、非行集団に加入する場合があります。同級生のほとんどが受験勉強に取り組んでいくのに、学力不足やこれまで学習習慣が身についていなかったため、クラスの雰囲気から取り残されてしまうのです。この寂しさを非行集団に加入することによって癒そうとするのです。したがってこの場合は就職活動などの進路指導を早急に行い、その子どもに応じた目標をもたせることが必要です。

　さらに中学3年生では、部活動を引退することによって、一生懸命取り組んできた目標を喪失して気持が緩み、これまで知らなかった非行文化が新鮮に映って非行集団に加入する場合があります。この場合には部活動中心の生活から高校への受験勉強中心の生活にスムーズに移行できるように指導することが重要です。部活動を熱心に頑張ってきた子どもならば、努力する大切さ、目標を達成したときの喜びなどの感情を味わっています。非行集団に一時的に加わっても、早期に適切な指導が行われれば、しだいに非行文化に飽きたり、非行集団の非行性のレベルが上がっていくことに抵抗を感じて、非行集団から離れていくことが多いものです。

　なお一般的には、冬期は非行集団から離脱することを指導するのに適した時期であると考えられます。冬期は進級や卒業を控えているため自重して集団非行は落ち着く傾向があり、また寒さのため部屋に閉じこもり、非行集団の行動力は低下していくことが多いからです。

(2) 非行集団の非行文化をどの程度取り入れているか

　集団で非行を起こす場合は、その集団の非行に対する価値観（暴力に肯定的な価値観など）や、非行技術を皆で共有しています。子どもは非行集団に加わることによって、たとえば自動二輪車を盗む手口を教えてもらい、非行技術を身につけていくのです。またその非行集団のゆがんだ価値観をしだいに内面化させ、たとえば自動二輪車に乗りたければ盗んでしまえなどという誤った考え方をするようになります。はじめは抵

抗感があってもしだいに薄れていきます。

　このように非行技術を身につけたり、ゆがんだ価値観を内面化させるプロセスは、ある文化を取得するプロセスに似ています。ある文化を取り入れるということは、その文化の持つ行動基準を内面化し、その行動基準にしたがって行動するということです。つまり非行集団に加わって非行を起こすようになったということは、非行文化を取り入れたということになるのです。非行集団に親和的であるほど、皆同じような服装やヘアースタイルをし、雰囲気も似てきて、非行文化を取り入れていることがわかります。

　一般的に非行文化をどの程度取り入れているかは、その子どもの非行技術の高さ及び価値観のゆがみの程度で判断することができます。たとえば同じ自動二輪車を盗んだ場合でも、そのまま単に乗り回す場合と、発覚を恐れてナンバープレートを取りかえて乗り回す場合とでは、非行の起こし方に違いが見られ、非行文化の取り入れの程度はかなり異なっていることがわかります。

　指導にあたっては、小・中学生は判断力が十分でないので、非行文化とはどういうものであるかを例を示しながら具体的に教え、徐々に規範意識を養うことが大切です。たとえば子どもによっては「他人の自転車を無断で使用しても、後で戻せばよい」とか「教師を殴ってはいけないが、胸倉を掴む程度なら許される」などと平気で思っていたりするので、その考え方の誤りを明確に指摘して修正することが大切です。

　なお最近の特徴として、ごく普通のとても非行を起こしそうもない子どもであっても、簡単に非行文化を取り入れてしまい、短絡的に非行を起こしてしまう場合が見受けられます。このような子どもは学業成績は良好であっても、自分というものをしっかりもっておらず、他者の影響を直接的に受けてしまうという傾向をもっています。したがって非行文化に触れると、深く考えることができずにすぐに影響を受けてしまうのです。ただこのような子どもは非行文化にまだそれほど深入りをしてい

ないため、早期に指導すれば非行からの立ち直りは比較的容易であると考えられます。

(3) 集団にリーダーが存在するかどうか

　集団の行動はリーダーによって影響を強く受けます。最近はかつての「餓鬼大将」のような明確なリーダーは存在しないことが多くなりましたが、その場合でも、非行集団に大きな影響力をもつリーダーに準ずる子どもがいることがあります。リーダーに準ずる子とは、①行動力がある子、②非行文化をその非行集団に持ち込む子、③非行性がもっとも高い子です。彼らの行動によって非行集団の行動は強く規定されるのです。

　したがってその非行集団にリーダーもしくはリーダーに準ずる子どもが存在するかどうかを見極め、その子どもの指導をまず考えることが必要となります。リーダー格の子どもの行動が落ち着けば、追従的に非行を繰り返してきた子どもたちも、行動を落ち着かせる可能性があるからです。

　非行集団のリーダー格の子は一般に集団をまとめる力をもっているだけあって、行動の統制力（行動をコントロールする力）を身につけていることがあります。この子はひとたび立ち直りの機会が与えられれば、自分で行動を抑制することができ、立ち直りが早いことが期待できます。

　逆に非行集団でいつも仲間に連れられて追従的に非行を起こす子どもは、自分の行動をコントロールする力が十分ではありません。指導しても、その内容を理解したのかどうかが不明であり、手応えのなさを感じさせます。非行性のレベルはそれほど高くないものの、むしろ指導が困難である場合もあります。

(4) 交友関係は同学年に限定されるか、先輩までおよんでいるか。さらに他学校にまでおよんでいるか

　集団の非行性のレベルを判断するうえで、集団の構成員の範囲を把握

することは重要です。一般的にその集団に先輩が加わっていたり、先輩との結びつきが強い場合は、その集団の非行性のレベルは高いと考えられます。先輩からより高度な非行文化が流れ込んできている危険性があるからです。また先輩をモデルにして教師にどのように反抗したらよいのかも知っており、指導しても効果が上がりにくい場合もあります。したがって、指導をより効果的にするためには、学年の領域を越えて全学年の問題として考え、連携を取り合っていくことが必要となります。

また中学校の場合、他校との交友関係にまで発展していると、その集団の非行性はより高くなると考えられます。その地域の広範囲な非行文化に接することになり、他の中学校のより高度な非行文化が容易に流れ込んでくるからです。また指導をする場合でも、学校内で非行を起こせば教師はその実態を把握しやすいのですが、学校外で起こされるとそれが困難になり、指導も後手に回りがちです。この場合には他の中学校や関係機関（警察署、児童相談所、家庭裁判所など）との連携が必要となってきます。ふだんから情報を交換させておけば、事件が起きてもすぐに関係機関に連絡を取ることができ、迅速な処理が可能となります。

一般に交友関係を断ち切ることは困難と考えたほうがよいでしょう。思春期・青年期*ということもあって仲間関係を非常に大切にするからです。仮に無理やり交友関係を断ち切っても、また別の不良交友が始まる危険性があります。したがって不良交友関係を断ち切ろうとするのではなく、「(仲間と) 一緒に非行から立ち直ろう」と励ますほうが効果的でしょう。その子どもが非行から立ち直り健全な精神状態になれば、自然に非行集団から離れていくものです。

なお一般に単独で非行を起こす子どものほうが、集団で非行を起こす子どもよりも、根深い問題性を抱えていることが多いと考えられています。思春期・青年期の特徴を考えれば、むしろ非行は集団で起こすほうが自然であるからです。性的非行（下着を盗む、幼児にわいせつ行為をするなど）は単独で行われることがほとんどです。単独で非行を起こす

子どもには、よりいっそう慎重な指導が望まれます。

(5) 教師の指導が行われた後の集団の反応はどうか

　思春期の非行では大部分が一過性のものであり、教師の適切な指導が行われればほとんどの子どもは自覚をもって集団から離れていきます。子どもたちははじめての非行が成功すると、「非行は案外簡単にできるもんだな」などと味をしめて、非行を繰り返します。子どもは非行の重大さやその意味に自分たちから気がつくことはできず、発覚した後に教師の指導を受けたり保護者から叱責されることによって、はじめて気がつくことができます。ですから発覚するまで多数回の非行を重ねていても、発覚後は反省してまったく非行を起こさなくなる子どももいます。この場合の非行も、一過性として考えてよいでしょう。ごく一部の本格的な非行性を身につけた子どもだけが、発覚後教師などから指導を受けても立ち直る契機とすることができずに非行を繰り返していきます。

　教師の指導が行われた後、ある一定期間はおとなしくしていますが、しばらくするとまた非行を繰り返す子どもがいます。この子どもは知的能力が低かったり、自我の発達が不十分であるため、指導の内容を十分に受け止めることができない傾向にあります。あるいは集団との結び付きが強くて個人の反省が長続きしないことも考えられます。この場合はその子どもに粘り強く指導を継続していくことが必要です。非行集団の仲間が児童相談所や家庭裁判所などの指導を受けて法的措置が取られると、危機感から規範意識を持ち始め、徐々に行動が落ち着いていく場合もあります。

　教師が指導をしても、その直後から非行を繰り返す子どももいます。このような子どもに対しては反省していないとさらに叱責を重ねたくなりますが、それは適切な指導ではありません。このケースの子どもは自分の衝動が強すぎて、自分でも行動をコントロールできない状況に陥っているからです。いわばブレーキが壊れた車であり、運転者がいくら努

力しても止まれない状況にあるのです。子どもによっては、非行から立ち直ったときに当時を振り返って、自分ではどうしようもなかったと語る子もいます。

　指導としては、児童相談所の一時保護施設や少年鑑別所*を利用して一時的に保護的環境を準備することが必要となります。これらの施設に収容することは罰を与えるというより、子ども自身が行動を統制できない状況から、助け出し保護するためと考えたほうが妥当です。一般社会では子どもを非行に駆りたてる誘惑が多すぎるので、この刺激から子どもを遠ざける必要があるのです。非行を起こした子どもに接するときの基本的な姿勢は、罰を与えるのではなく、その子どもが本来の生き方を取り戻すために現在の状況から救い出すということなのです。

（笹竹英穂）

【参考文献】
- 山根清道：犯罪心理学．新曜社，1974．
- 福島章：犯罪心理学入門．中央公論新社，1982．
- 笹竹英穂：非行の事例．暴力犯．松原達哉編：学校カウンセリング事例集．ぎょうせい，97-101，1998．
- 笹竹英穂：他機関との連携―家庭裁判所．松原達哉編：学校カウンセリングの考え方・進め方．教育開発研究所，164-165，1994．

第3節　性的非行

1．青少年の性行動の変化

　従来わが国の青少年の性行動は、全体としては、いわゆる先進国の中では奥手であるといわれ、またそれを裏づける調査結果が全国調査から示されていました。ところがこの10年あまりの間に、著しい変化を見せるようになってきました。その一つは性行動が非常に活発化し、高校生、さらに中学生レベルにおいても、男女のつきあいが性的な交渉をほぼ前提とするものとなってきたことがあげられます。さらに性の商品化がわが国の文化の中に浸透し、その内容もより直接的で過激なものとなってきています。近年マスコミを賑わした性的非行がらみの事象を取り上げてみると「ブルセラショップ」「テレクラ」「援助交際」など、とくに中学・高校生女子の性が高い商品価値を持つものとして取り扱われている状況が浮かび上がってきます。

　このような状況の中で、性を巡る問題は、どの生徒の身の上に生じても不思議ではなく、また取り扱いが難しいものとなってきました。かつては生徒が性的な交渉を行うこと自体が非行でした。しかし現在は中学生といえども生徒の性的行動を押さえることは非常に困難であると思われます。性的非行の統計そのものも、実はこのような変化を反映しているのです。図2-3-1に示すように、警察による「性の逸脱行為で補導をした女子少年」の統計での件数自体は1984年をピークに、全体としては減少傾向にあります。これは「その他の不純な性行為」の著しい減少によるところが大きく、この中には「不純異性交遊を反復していた女子」が含まれており、その件数が著しく減っているのです。つまり以前なら補

図 2-3-1　性の逸脱行為で補導・保護された女子少年の態様別人員の推移

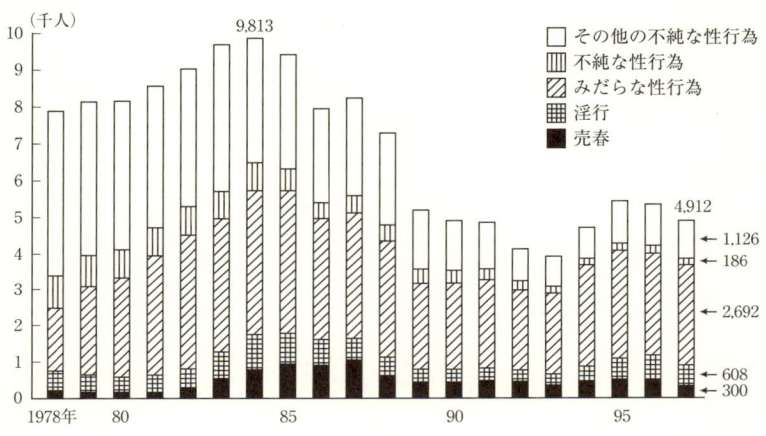

(『警察白書』1999年版による)

導の対象となった青少年が問題視されなくなったことが、一見性的非行が減少したという統計をもたらしているのです。これは、石橋らの報告の中での「親子関係や学校適応に問題が少なく、むしろ一般少年に近い女子少年たちが、性風俗産業に抵抗なく取り込まれているといった傾向が近年認められている」という現状を反映していると思われます。さらにこの統計には、なぜか被害者の側の女子も含まれています。図2-3-2をみれば、「性の逸脱行為」の動機が1995年を境に、「好奇心から」よりも「遊ぶ金が欲しくて」が多くなっており、先に指摘した性の商品化を反映していることがわかります。

　これまで中学・高校生への性教育は、もっぱら純潔教育でしたが、性教育のあり方自体が現実的な変更を迫られ、今では小学校低学年からすでに性教育を実施する学校も増えてきました。しかしながらこのなかで、男女の体の違いや受精、妊娠、出産の仕組みについて、さらに性病とその予防については教えても、性の持つもう一つの側面、つまり対人関係における性の持つ重みや、対人関係の病理が性行動の問題と絡むこと、

第２章　問題生徒への理解と対応　35

さらに性の商品価値という文化的な問題にまではなかなか踏み込めていない現状があります。その一方、若年妊娠は看過できない重要な問題となりつつあるなど（第4章3節「生徒の恋愛・妊娠」参照）、われわれは今日の性を正面から取り上げることが必要な時期にきているのではないでしょうか。

　ここでは性的非行を題材にして、このようなわが国の青少年の性の問題を考えてみたいと思います。

2．性的非行と対人関係

　最近の性的非行では、しばしば普通の女の子が抵抗なく性風俗産業に関わるようになり、また「援助交際」という名の売春を行うようになったと言われています。確かに、1997年の東京都の調査では、調査した都内の中学生及び高校生のそれぞれ4％前後が「援助交際」の経験があるという結果が示されました。つまりクラスに1人ぐらいは「援助交際」という売春をしている女子生徒がいることになります。このように、これまでの非行少年のイメージからは遠い、普通のお嬢さんによる性的な非行の例が増加していることは疑いありません。しかしその一方で、同年の石橋らの調査では、東京都内においてデートクラブ、テレクラなどに出入りして補導された女子少年は、一般少年よりも初交年齢が低く、性的非行以外にも万引きや家出などその他の非行行為が多く、家庭の問題を抱えるものが多いなど、従来の性的非行に見られたのと同じ傾向があることが示されました。従来から指摘されている、さまざまな問題を抱えている青少年において性的な逸脱行為が多く見られるという事実について、まず検討してみましょう。

　病院の外来で出会う性的非行の例は、それのみを問題としてもつものはほとんどありません。もっとも典型的なのは、境界性人格障害と呼ばれる対人関係の深い病理を抱えた青年の場合です。「寂しいから自分の

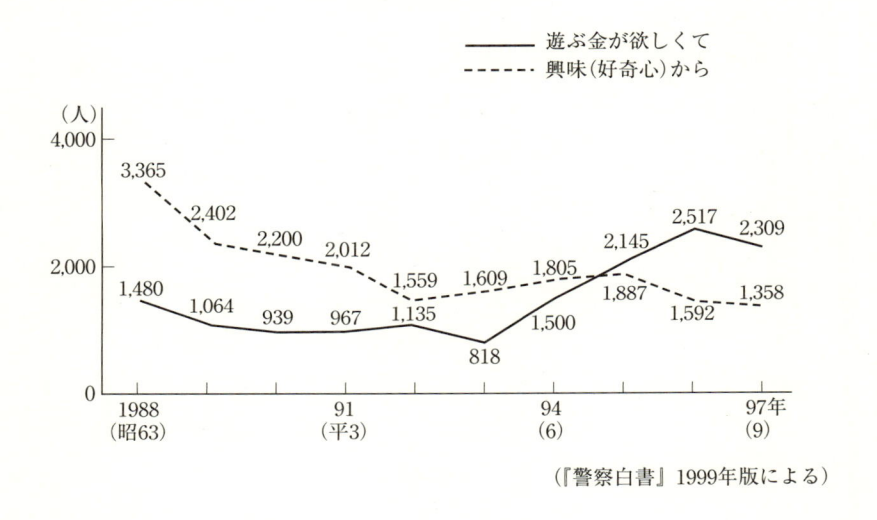

図 2-3-2　性の逸脱行為の上位2つの動機の推移

―――― 遊ぶ金が欲しくて
------- 興味(好奇心)から

(人)

年	遊ぶ金が欲しくて	興味(好奇心)から
1988(昭63)	1,480	3,365
	1,064	2,402
	939	2,200
91(平3)	967	2,012
	1,135	1,559
	818	1,609
94(6)	1,500	1,805
	1,887	2,145
	2,517	1,592
97年(9)	2,309	1,358

(『警察白書』1999年版による)

寂しさを埋めてくれる人がいないと生きていけない」と述べ、寂しさを埋めてくれる異性を求め、安直に性的な交渉を繰り返します。この「寂しさ」とは、実は居ても立ってもいられないような激しい不安なのです。1〜2歳の幼児が母親から引き離された時のパニックを想定してもらえばわかりやすいでしょう。実際に、境界性人格障害の対人関係は、親から離れることが出来る前の幼児のような不安定さをもっていて、寂しさや空虚感に耐えられないという特徴があります。

　このような病理的な例は、普遍的に見られる問題を拡大して見せてくれます。青年期は第二次性徴が始まり、性的な行動が可能になると同時に、これまでの家庭中心の対人関係が一挙に広がります。もともと対人関係の発達の過程ですでに何らかの問題を抱えていた青少年は、青年期を迎えて欲求不満と同時に「寂しさ」を奥深く感じるようになります。この「寂しさ」こそ青少年を性的な行動に突き動かす根っこなのです。

　性的非行はどうしても女子の性的非行に集中してしまいがちなので、あえて男子の生徒の例を取り上げてみたいと思います。

症例一 B男（高校1年）

　3、4歳のころから瞬きと音声チックが始まり、同じ団地にいる子どもたちからからかわれていた。就学後も集団いじめを受け、その仕返しに靴を隠したり、金銭や持ち物を盗んではどぶに捨てたりしていた。中学1年生になり、半ばリンチのような集団いじめに遭い、同性のグループには溶け込めなかった。中学2年生の時に、20代の女性に声をかけられ以後2年間、彼女と性的交渉をもった。ホストクラブで働くなどして小遣い稼ぎもしていた。高校進学後は、複数の女性に電話をしたり、路上で女性に声をかけるなどして、性交渉を要求するようになった。初めは同意の上だったが、徐々に強制的になり、被害を受けた女子高校生が学校に訴えて問題となり、高校を自主退学せざるをえなくなった。彼の父親は厳格で、幼児期から彼が問題を起こすと鼻血が出るまで叩いていたという。彼は性交渉については、「女の人に甘えたい」「お母さんには恥ずかしくて甘えられなかったから」と語る。クラスメイトなどは男女とも怖く感じ、「友達が欲しいけど、どうやって話しかけていいかわからない」「3、4歳くらいの子どもを遊んであげているときが一番いい」と述べている。

　この青年の場合、チックが慢性化したことからも家庭内で強い緊張状態が続いたことが示唆されます。そして攻撃性を抱えた甘え欲求が、性的非行行為をもたらしています。青年期はとくに男子生徒の場合、強い性欲につねにさらされた状態となっています。また今日の、さまざまなストレスをかかえやすい一般的な中学生、高校生の生活の中で、だれもがすべてを投げうって夢中になれるものと言えば恋愛しかないといっても過言ではないでしょう。さらに女子生徒の場合には、もっと受け身でも性的な体験を得る場がつねに存在するため、これまでの対人関係の隙間を埋めるための性行動が一挙に広がってしまうのです。異性との性的

な交流は、性的な快感や充足以上に（一般的に若年の性的交渉では強い性的快感は得られにくい傾向があります）異性との一体感、そしてとくに女性の場合には交渉した相手に自分が充足感を与えたという自己価値の上昇が強い満足を与えるのです。ただこのような性交渉は、境界性人格障害の場合に典型的に見られるように、恋愛関係よりもむしろ親子関係の代償という側面があり、どうしても欲求不満を残すものとなりがちです。普通のお嬢さんの性的非行と言われる場合でも、詳細に話を聞くと必ずやその中核には深い寂しさや空虚感を抱えています。こうしたケースについて湯谷は、あっけらかんとして明るい現代型の性的非行の奥に、対人関係の不安があることを指摘してしています。さらに、このような対人関係の隙間を埋めるための性的な交渉は、全人格的な交渉となりにくく、性だけが切り離された価値として前面に出てしまいます。これが現在の文化に蔓延している性の商品化と結びついてしまうのです。

　性の問題行動は何よりも、対人関係全体の発達におけるやり残しを反映していることを、私たちは深く認識しておく必要があります。この状況にさらに輪をかけて複雑にしているのが性の商品化の問題です。

3．性の商品化と青少年

　この10年間で大きく変わったものの一つとして、インターネットの普及によって、性情報が青少年の間に歯止めなくもたらされるようになったこと、また、ＳＭポルノなど、これまで裏文化となっていたものが表に登場するようになったことがあげられます。今日の性の商品化は、従来は幻想の領域に留めおかれていたものを一挙に青少年の現実世界にまで持ち込んでしまいました。その結果、青少年の性は高い金銭的な価値を生むようになりましたが、このことが青少年の性行動や生き方そのものに大きなゆがみをもたらしています。

　先に述べたように、性行動の問題を生じやすい青少年は、もともと家

庭状況や対人関係の問題、さらに学校での問題を抱えているものが多く、これまで、十分な自尊感情や自己価値観をもちにくいなかで生きてきました。ところがとくに女子生徒において、このような中で性という価値が付与されると己の価値が跳ね上がってしまうのです。この自己価値の変容は現実的な金銭の取得をももたらします。またそこで得られるお金は、青少年が地道にアルバイトをして得られるときのお金とは桁が違います。これまで不遇のなかにあった子どもほど、このような自己の価値が急上昇する体験がうれしくないはずはありません。ところがこのような性交渉の相手は性のみを求めているので、人としての全体的な価値が上がったわけではありません。その結果、性交渉を重ねるたびに、自己の価値の急上昇と急下降を味わうこととなり、自己価値の確認を求めてさらに性的な行動を重ねることになってしまうのです。

　またこのような青少年の周囲には、その若い性の商品価値に目をつけ、利用しようとする大人が群がる状況が生まれています。この中で、性犯罪の被害にあったり、弱みにつけ込まれ売春を強要されるなど、個人的、組織的に性を商品として搾取をされてしまうケースが、とくに女子生徒に多くあります。

4. 性的非行の後遺症

　性的非行にはさまざまな危険がつきまといます。遊び感覚であったとしても、たとえばテレクラなどで出会う相手のなかに、最初から性商品に利用しようとしている大人がおり、そうでなくとも、一時的な関係と考えていた相手からつきまとわれたりといった例は少なくありません。さらに相手から暴行を受けたり、ＳＭなどを強要されたりするとなると、それ自体が外傷体験*となってしまうこともあります。

　しかし何よりも、若年に経験した性交渉自体の持つ後遺症に注意を払っていただきたいと思います。性体験はとくに女性の場合には、本人に

意識されなくとも人格の深部に至る経験となる可能性があります。割り切ったとしても、性的な交渉は情緒的な交流抜きに行うことが困難です。しかし金銭だけを目的とした性交渉であればあるほど、性的なものへの嫌悪感、異性への失望や強い不信感、その一方で性によって相手を支配することができるとする万能感をもたらします。そのうえに、性的な交渉によって生じる情緒的なしがらみが加わるのです。このような状況が、もともと対人関係の不全を抱えている青少年にどれだけ大きな混乱をもたらすのかは、容易に理解できます。

症例－C子（中学校3年）

家庭は厳格で暴力的な祖父に支配されており、家族全体が祖父の横暴を耐えている状況の中で育った。母親もそのためか不安定なところがあるという。中学生になって友人からすすめられ「危険なビジネス」と彼女がよぶ「援助交際」をした。その結果、妊娠し中絶を余儀なくされた。その後、彼女は不登校となったが、中学卒業後に遠方の高校に通うようになった。しかし高校入学後もしばしば意識の途切れを生じるようになり、また激しい気分の不安定を常時抱えるようになった。一人で居ることに耐えられず恋人をつねに作るが、男性に対する不信感は消えず相手を振り回してしまう。また親密な女性の友人もなかなか作ることができない。

このように妊娠、中絶といった体験をすれば、当然ながらさらに大きな後遺症がもたらされることとなります。性的な外傷体験がいかに深い傷をもたらすかは、性的虐待が生涯に渡る後遺症を残すことからも伺えます。性は人にとって根元的な問題です。軽く扱おうとすればするほど、私たちはその後に大きなしっぺ返しを受けることになります。

5. 学校で何ができるか

　性は学校ではなかなか扱いにくい問題です。現実的な必要としては、避妊の徹底をきちんと教えていかなくてはならないことは確かですが、それ以上に、これまで述べてきた性の持つ重さについて十分に話し合うことが必要なのではないでしょうか。

　性の問題が対人関係全体の問題として現れることを、生徒とともに話し合っていく必要があります。寂しい人ほど他の人を必要としてしまうこと、だがそのような交流ではなかなか深い満足が得られない傾向があること、どうすれば性的な交流が深い満足をお互いにもたらすものとなるのか。さらには、性の体験の男女差についてなど、相互に話し合う機会が必要なのではないでしょうか。

　このような教育に際しては、教師自体の性体験が大きな要素となることを認識しておく必要があります。学校自体が教師相互、さらに教師と生徒とのセクシャルハラスメントや性的なトラブルが絶えない状態です。また教師が「援助交際」や若年者の買春行為をして検挙されたといった報道も日常的に目にします。生徒への性教育は、われわれが性という重い問題を自らの問題として掘り下げるところから始めなくてはならないでしょう。その際に、必ずしも一夫一婦制の家族制度や保守的な男女関係の立場をとる必要はないと思いますが、全人格的交流の上に行われたものではない性交渉がさまざまな後遺症をもたらすことは、事実としてきちんと伝える必要があるでしょう。

　しかしながら何よりも問われることとして、学校や教師自体が生徒を全人格的に受け止めているのかということがあげられます。性は全人格的な問題である以上、性的非行に取り組むためには、どうしてもここからの出発が必要であると思います。

（西本佳世子・杉山登志郎）

【参考文献】
・石橋昭良、石川ユウ、月村祥子他：少女の性的逸脱行動に関する調査研究．犯罪心理学研究，34，日本犯罪心理学会，102-105，1997．
・湯谷優：性非行．清水賢二編：少年非行の世界．有斐閣選書，101-126，1999．

第4節　校内暴力

1．はじめに

　近年、校内暴力の様相については、「新しい荒れ」が全国的に広がり学校教育共通の課題となっています。一つは、1998年1月に起きた栃木県K中学校での教師刺殺事件に象徴的に見られるような、一見普通に見える生徒が突発的衝動的に、目的や理由も不確かななかで起こす攻撃行動の存在です。そして、もう一つは小学校においても授業不成立という状況が拡大し、「学級崩壊」と呼ばれる深刻な状況が生み出されていますが、その部分的要因となり、流行語にもなっている「キレル」子、「パニクル」子の存在です。
　ここでは、校内暴力を「自校の児童生徒が起こした暴力行為」（文部科学省）と定義し、「校内暴力に関する調査結果」（同省1998年）によって、形態を以下の4つに分類します。
　1）対教師暴力：例として、
　　・教師の胸ぐらをつかんだ。教師めがけて椅子を投げつけた。
　　・教師に故意にけがを負わせたなど。
　2）生徒間暴力：例として、
　　・中学3年の生徒と1年の生徒がけんかとなり、一方がケガをした。
　　・高校1年の生徒が、中学校時代の部活の後輩である中学3年の生徒に対し計画的に暴行を加えたなど。
　3）対人暴力：例として、
　　・偶然通りかかった他校の見知らぬ生徒と口論になり、殴打、ケガを負わせた。

図2-4-1　学校内における暴力行為発生件数の推移

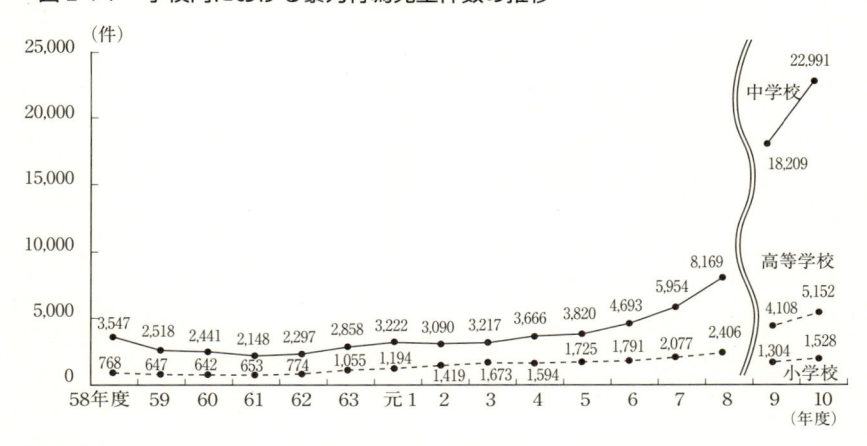

(注) 平成8年度までは「校内暴力」の状況についての調査である。
(「児童生徒の問題行動等に関する調査」文部省・同調査研究協議会　1998年3月による)

　　　・卒業式で来賓を足蹴りにした。
　4) 学校施設設備の「器物損壊」：例として、
　　　・トイレのドアを故意に損傷させた。補修を要する落書きをした。
　　　・学校で飼育している動物を故意に傷つけた。
　統計的推移としては、"第三のピーク"を1980（昭和55）年前後として一時数値は低下後、1994（平成6）年以降再び増加しています。これが"第四のピーク"となり過去最高の件数になります。
　このなかには、前述した「新しい荒れ」を含みます。1980年代（第三ピーク時）突っ張りの生徒が集団で学校の管理に反抗したものとは装いを変えて、ひとりで突然むかつきを爆発させる（キレル：感情爆発）児童生徒が増加中です。近年「子どもがわからない」「すぐ人にもたれアメーバー化している」など、小学校においてその奇行さを嘆く声もきかれます。また、非行歴のない「ふつうの子」が「いきなり荒れる」ことが特徴的です。
　ここでは、過去から現在の「校内暴力」の様相に対応することを目的

として以下に援助の視点をあげます。

2．校内暴力への対応

　対応するために、つぎの三つの視点に注目をしてみましょう。
　第一に、"校内風土への注目と介入の視点"です。
　この視点は、学校システムに、外部からのコンサルティング機能を取り入れることによって「学校内風土」の見直しを試みるものです。
　第二に、"関係性への注目と介入の視点"です。
　これは、校内暴力が人間の関係性の最小単位、二者関係から始まり他へ発展していく現実を捉え、「今、ここで」起こっている現象の視野を広げることによって校内暴力の対応を考える視点です。
　第三に、"個人病理への注目と介入の視点"です。
　これは暴力行為に関わる子どもが「個」として持つ病理（課題）を器質的、環境的、社会的に捉え、「個」への援助の観点から対応を考える視点です。
　詳しい内容、取り組みの仕方について以下順に示します。

(1) 校内風土への注目と介入　＜学校全体状況へのコンサルテーション*の展開と過程＞

a）学校システムの生態（生き物）としての観察査定を行う

　まず、学校組織内の教師集団の核となる教師チーム（必ずしも管理職のみではない、対極の意見をもつ者も含む）と外部のコンサルタント（たとえばスクールカウンセラーなど）で学校内部の現実（どのような時空間で何が起こっているのか）を客観的に捉え、洗い出しを行いましょう。

図 2-4-2　対教師暴力の発生状況

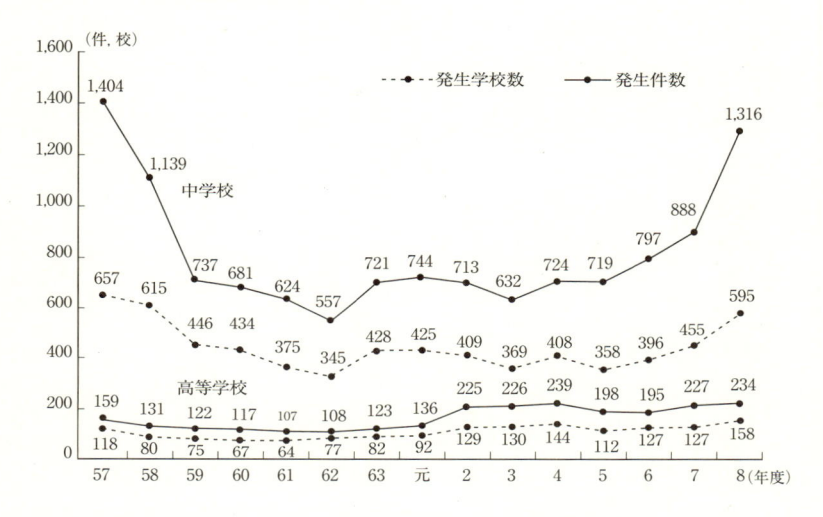

(「児童生徒の問題行動等に関する調査」文部省・同調査研究協議会　1998年3月による)

＜学校のすがた＞
・学校の個性（持ち味）は何ですか。
・学校長の「理想の学校」は、どんな学校でしょう。
・「理想の学校」と「現実の学校」との「ずれ」は、どんなことがあげられますか。
・学校が家庭の教育力不足を肩代わりしている状況はどの程度あるのでしょう。

＜教師の力動＞
・教師集団の雰囲気はどうですか。
・上下関係の忠誠傾向はどのくらいでしょう。
・父性重視の教師と母性重視の教師のバランスはどうでしょう。
・教師全体の今現在の教育力エネルギーはどの程度ありますか。
・疲れている（心的傷つきを持った、クライシス状態）教師は全体の

何割でしょう。その状況は。
・学年単位（学校単位）のチームワークはどのくらいありますか。
・排除主義（除け者主義）の傾向はどの程度あるのでしょう。
・突き詰め思考傾向の教師とファジー思考傾向の教師のバランスはどうでしょう。
・教師集団の愛校心はどの程度あるでしょう。
・職員のリラクゼーションやレクリエーションは行われていますか。

＜生徒の力動＞
・生徒集団の自治力（生徒会活動などの活性状況）はどのくらいありますか。
・過去の校内暴力の時間的変遷はどのように流れてきたのでしょう。
・現在の校内暴力はどんな状況で起こっているのでしょう。
・教育活動の支障（授業妨害など）はどの程度あるのでしょう。
・学校環境の損壊はどの程度あるのでしょう。
・生徒の精神的実態の状況（心の悩み調査結果など）はどうですか。
・生徒のストレス対策（とくに敵意、怒りの適切な処理についての教育）はどのように取り組まれていますか。
・生徒の良心（罪の意識）、内省力、言語表現力はどの程度の発達水準でしょう。
・教師と生徒の上下関係は生徒集団の中にどの程度浸透しているでしょう。
・怒りや退行の連動反応はどのような状況ですか。
・影で操作している生徒（マニュピレーター）はどの程度生徒集団への影響力をもっているのでしょう。

＜地域の特質＞
・地域と学校との連携の理念はどんなことですか。

- 過去から現在までの地域における環境の悪化など変動はありますか。
- ＰＴＡ役員組織との連携の基盤はどんなことですか。その状況は。
- 警察との連携の窓口はどこですか。その状況は。
- 教育相談所との連携の窓口はどこですか。その状況は。
- 児童相談所との連携の窓口はどこですか。その状況は。
- 医療機関（病院）との連携の窓口はどこですか。その状況は。
- 学校コンサルタントとの連携の窓口はどこですか。その状況は。

b）テーマを絞り込み見通しを立てる

　これらの現実を洗い出した後、校内暴力継続中または事後の「現在の学校」を「無理のない理想の校内風土」に接近させるために視点を定めて調整を行いましょう。

- 脆弱点を修正するのか、強い分野を活性化するのか、両方とも行うのか。
- 護り（母性）を重視していくのか、開発的攻め（父性）を重視していくのか、両方とも包括的に行うのか。
- 短期（ここ半年－危機介入）を大事にしていくのか、中・長期（3～5年計画）を大事にしていくのか、両方とも大事にしていくのか。
- 学校経営機能の何に価値を置き優先していくのか、何を後回しにしていくのか。

　たくさんの課題の迷路の中にはまり込み、巻き込まれて身動きが取れなくなっている状態から、外部のコンサルタントと検討し合うことによって視野が明るくなります。さらに課題を精選して絞り込んでいきましょう。

c）対策をたてる

　課題の中から実現に無理のないものをピックアップして対策を取り出してみましょう。

＜対策例＞
　①職員間の連携のため、人間関係トレーニングや職員レクリエーションを取り入れる。
　②生徒個人のイライラ感などのストレス対策教育に力点をおく。
　③地域（ＰＴＡ、警察）との連携を強化して協力体制を作る。
　④対象生徒の個人ケースコンサルテーションを、定期的及び随時行う体制作りをする。
　⑤生徒会に働きかけて、校内環境保全、ボランティア精神を養う。
　新しい校内の「荒れ」の事態において、その現実に対して半分の責任は社会に生きる大人としての教師自身にもあり、「日本を担う全体の奉仕者」として、自分のこととして意識し、誠実に引き受け向き合う勇気と覚悟を持てるかが迫られています。また、反対に自分に不可能なことや限界を見極め、「自信がない。できません」と誠実に表明することは教師自身の燃え尽きを防止するだけでなく、生徒及び他者の負担を減らし、対人関係の「相互信頼」の基盤となります。

　つぎに対策のスケジュールを立ててみましょう（ここでは対策例の②「生徒個人のストレス対策教育」を取り上げ考えてみます）。
＜スケジュール＞
　①実行の目的の明確化：感情の表出方法、混乱時や怒りの処理方法を覚えること。
　②実行期間の決定：１年間の試行をする。
　③構造と範囲の決定：全生徒、すなわち１～３年の男女を対象として行う。
　④流れと方法の決定：イライラ感との向き合い、そのための個人別スキルを選択すること。
　⑤推進分掌の選定と役割の分担：教育相談、保健指導部を中心に立案を行う。

⑥期間内の計画範囲の決定（月、学期）：５月からはじめる。
⑦具体的な実行方法：外部講師による支援を要請する。
⑧成果の検討と修正：校内の安定の程度を指標とする。
この対策のなかで生徒に行った教育に用いた表を参考にあげます。

表2-4-1　自分で見つけるイライラ感の処理方法

```
テーマ　＜自分の感情に責任を持とう＞
①安心感を持てるものを触る。
②一人になって気持ちを静める（廊下に出たり、保健室に行く）。
③「むかつく、腹立つ、切れそう、悔しい」などと紙に書いて気持
　をノートの中へしまい収める。
④外に出て草木に触る。
⑤音楽を聴く（自分で歌をうたい気持のバランスをとる）。
⑥トイレに入り気持を静める。
⑦お風呂に入る。
⑧暗いところで感覚を遮断する。
⑨水をコップ一杯飲む（飴をなめる）。
⑩身体ほぐしをする（ストレッチ、マラソンなど）。
⑪友人、親、教師、カウンセラーに相談する。
```

（筆者・1998年作成）

事例としてＤ中学校の例を紹介します。
＜事例＞
　Ｄ中学校は、市内では「荒れた」教育困難校と見なされていた。教師はだれも行きたがらず「３年の辛抱」が合言葉となっているほどだった。校内風土の荒れはすさまじく、あらゆる教育課題が山積みで、いじめ、万引き、喫煙、シンナーなどの非行、強姦事件、校内リンチ、他校との交流、不登校、授業妨害、対教師暴力、器物損壊にトイレ荒らしと何でもありの状態だった。赴任した養護教諭は、スクールカウンセラーのコ

ンサルテーションを受けつつ学校組織に働きかけを行った。当時学校のガンとされた不良グループや影の操作者に対して、保健室、相談室、用務員室を中心に母性性を存分に発揮することを試み、同時に「弱いものいじめは恥ずかしいこと」という掟をつくった。生徒指導主任、学年主任に父性的役割、攻撃の的になることを引き受けてもらい、職員集団は、家族役割モデルとして、父性的、母性的、兄貴的、姉御的、弟分的、妹分的とパーソナリティーによってそれぞれが役割を果たすことになった。3年間を要したが、地道な教師集団の努力によってやがて学校は落ち着きを取り戻した。

　この事例で回復へ向けた重要な要因となったのはつぎの三つです。
　①職員間の連携ができていたこと
　排除主義（自分の価値観に合わないものを疎外する傾向）が弱く、本来の教師の持ち味が発揮されていたこと。養護教諭（母性）と学年主任（父性）がそれぞれの持ち場をまっとうしながらもお互いの存在価値を認めていたこと。管理職の柔軟な構えとフットワークの軽さ、そして「いざとなれば責任は私が取る」という心意気があったこと、などがあげられます。
　②外部機関との連携ができていたこと
　個人レベルにおける病理や犯罪などに対するサポート機関である警察、児童相談所、病院などとの連携がスムーズであったこと。コンサルタントによって、燃え尽きないよう教師の相互支援が可能だったこと、などがあげられます。
　③生徒、親のエネルギーが一定水準以上であったこと
　仁義を重んじる生徒気風の特徴により、ピラミッド構造のなかでも秩序が保たれていたこと。生徒会の自治力、親の学校訪問巡回など、貧困その他で家庭教育力が劣る地域であったが教師に協力的であったこと。教師に対しての信頼度が一定水準以上であったこと、などが考えられま

す。

　「現在の荒れ」は、前述の三つの視点が崩れかけていると捉えられます。このそれぞれのどこにフォーカス（焦点化）して強化修正していくかを自校に照らし合わせて考えていく必要があるでしょう。

(2) 関係性への注目と介入

　暴力行為は、特定の人間と人間との関係のあり方で起こってきます。長いつきあいのある教師と初めて出会う教師とでは、同じ注意の言葉でも本人に伝わる意味が異なってきます。また、どんなに教師が配慮しても個人の持つ病理的問題から暴力行為が止められるものではないこともあります。

　ここでは、何らかの「事前キャッチが出来る指標」を明らかにすることによって暴力行為を最小限に食い止められるか、試みてみましょう。暴力行為は唐突におこる場合でも、その予兆として何らかの反応を生徒が出している場合があります。しかし、その見極めはかなりの熟練を要しますし、安易に確定することが出来ません。一つの指標として考えてください。

a) 生徒対教師の関係性における暴力場面への対応

　授業妨害や暴言、直接的暴力など、生徒が人間に対する不信感や押さえられない衝動性を表現する一方法として対教師暴力があります。相互の理由はどうあれ暴力行為を教師が受けることは、教師生徒ともに傷つきを増すことになるでしょう。

　生徒の対教師暴力は、自分の内部や外部のパワー（権力）に対しての反乱です。そのパワーの代表者として、教師が攻撃の的になっている場合があります。生徒は、いろいろな不安でイライラしながらもそれを耐えています。興奮を助長しないように努めることが基本です。生徒が引くに引けない状態にならないように、教師が自己観察によって自分にど

んな感情がおきているのか（やりこめたい、憎らしい、蔑むなどの感情に圧倒されている場合は危険）を自覚して、生徒の状態を見極め対応しましょう。表2-4-2、表2-4-3を参考にしてください。

表2-4-2

「もしナイフなど刃物を出されたら？」
・生徒と自分の間にワンクッションとって心理的距離を置こう。
・見栄を張らずに私メッセージで「先生は困るよ」と言おう。
・「あなたの反応に先生は動揺するよ」と伝えよう。
・ふりをせずにひるみましょう。「怖い」と言おう。
・その場を離れて他の教員に応援を求めましょう。
・瞬時にきた時は何とか身をかわして逃げましょう。
上記の事項は恥ずかしいことではなく適切なことです。

（筆者・1998年作成）

表2-4-3

「雰囲気を読もう」
・生徒の目がいつもよりかなり強烈に睨んでる。またはうつろな感じ。据わっている。
・身体は、あつく燃えている感じがある。
・腕組みやポケットに手を入れている。またこぶしをつくっている。
・服装が赤系など活動色を身につけている。
・身体のどこかしらを落ち着かずに動かしている。

（筆者・1998年作成）

b）生徒対生徒の間での暴力場面への対応

生徒間での暴力行為は「いじめ」の構図がかなりの割合を占めています（詳しくは第2章5節「いじめ」を参照）。教師がその場面に出くわした時の対応は、加害行為をしている生徒との信頼関係があるかないかによって異なってきます。もしいじめの現場に出くわしたら、第一に

何をするかですが、生徒と教師の間に信頼関係があるときには、加害生徒の存在に働きかける教師なりの言葉をかけたり動作をとり、暴力行為を止めることが可能です。しかし信頼関係がないときには、表2-4-3を考慮に入れながら、被害にあっている生徒に「ちょっとあなた来てくれる？」と連れ出し、その場から離れるのがよいでしょう。

c）教師、生徒の心的傷つきへの対応

単発、及び継続的に受けた暴力行為は身体的だけでなく確かな心的外傷になります。教師、生徒ともに、不安や恐怖に圧倒されるフラッシュバック*が起こることがありえて当然のこととなります。また判断力における認知のゆがみも出て混乱することも多く、危機的状況と言えます。まわりの教職員の支援が必要です。とりあえず、以下のような対応を考えましょう。

①事実関係を安全感を持てるところで確認する（いじめの透明化*に注意）。
②対象生徒（集団）との距離をとる。休職、休学、転校も考慮する。
③適切なケアネットワーク（治療支援体制）に乗り、サポートまたは治療を受ける。

d）集団暴力への対応

同類の仲間集団の中に居場所をみつけた生徒たちが徒党を組み、校内において羽振りを利かせる校内暴力の形態があります。生徒相互に浸透しあってさらなる高まりを呼び起こし、暴力行為に拍車をかけている場合です（怒り、退行の連鎖）。

生徒集団の中では、それぞれの役割や階層があり、上層の者が下層の者を支配征服している構造ができあがっています。そのなかで、前面には出ず背後で冷ややかに事態を操作している生徒がいることがあります。一見、教師の側についているようにみえて影でグループを動かし混

第2章　問題生徒への理解と対応　55

乱を助長させたり、いじめの首謀者となっているタイプです。

　これら集団の構造を理解して、対象生徒への援助が行われないかぎり同じパターンが繰り返されます。生徒自身の成長や援助のためには、生徒に騙されない視点をもつことが基本です。必要に応じて警察の出動（父性性）を活用し、生徒の無意識の「僕を止めて」という欲求を見逃さないようにしましょう。

(3) 個人病理への注目と介入

　近年、暴力行為の所在は、複雑なものになってきました。それは、生徒自身の意識的行為のようでいて、実は本人にはどうにもできない「モンスター」を抱えている生徒が存在することです。持って生まれた器質的要因、養育環境の悪化による環境的要因、そして現代に生きるという時代的背景の中に封じ込められている社会的要因と、それらが微妙に絡みあって現在の状態像を映し出しています。

　ここでは、暴力行為をせずにはいられない要因を精神医学的、臨床心理学的、社会病理学的に捉え、整理して紹介します。

a) 器質的要因

　注意欠陥多動性障害（ＡＤＨＤ）、アスペルガー症候群、自閉性障害など脳の発達の偏りによる発達障害、知的障害、学習障害、小児初期分裂病などにより、過敏性、認知のゆがみ、妄想などで不安が高まり攻撃性が強烈に出現し、衝動コントロールがきかなくなる場合があります。

　これらの病や障害の基本的な知識をもっていることは、暴力行為を行う生徒への理解が増し共感しやすくなります。

b) 環境的要因

　家庭内での養育環境によっては、親との基本的な信頼感の獲得が未発達で情緒不安定になりやすく、人との程良い親密な距離がとれずに人格

に偏りがある生徒がいます。

　親自身の自我が未成熟で、無意識のうちに、自己を補おうと子どもに補完的に関わり、自己の欲求の充足を最優先させて自らの傷つきを乗り越えようとしてきた結果、「適切な養育」を欠いていたことが考えられます。その代表的なものが「虐待」です。

　生徒によっては、乳幼児期に身体的、心理的、性的虐待を受けていたことから、思春期に入り自我がバランスをとろうと親の身代わりとして、他の生徒をいじめたり、教師に暴力行為をすることによって怒りを表出することがあります。自我のアンバランスな事態を防衛的に乗り越えようとする一つの再現とも考えられます。

　生徒の暴力行為を「生徒および家族の救助信号」として受け取り、タイミングを逃さず、混乱を「チャンス」として援助する視点が必要になってきます。

c) 社会的要因

　子どもを巡る社会環境の悪化は年々すさまじくなっています。社会体制のなかで生きる子どもに商品価値をつけて横行する大人の子どもへの暴力（テレクラ、援助交際など）は、大人社会の腐食です。生徒によっては、ＴＶや新聞・雑誌、ゲーム、ＶＴＲなど情報の氾濫で幻想と現実の境がなくなり、何を信じていいのかその拠り所（軸）を求めて右往左往しながら、暴力行為により、そのイライラ（不安感）を発散していることがあります。学校内の課題としてとらえるだけではなく、病んでいる大人社会に対して、子どもが身代わりに警鐘を鳴らし、サポートを求めていることとしてとらえる必要もあります。

症例－Ｅ男（小学校６年）

　家族構成は、父、母、兄、Ｅ男の４人。Ｅ男の問題行動は、友人間での暴力、教師に対する暴言、興奮すると友人の作った美術の作品を破っ

たり、壁に当たるなどの損壊、ひやかしなどの授業妨害であった。

担任教師は女性で、やや突き詰め思考で柔軟性に欠ける面もあるが、子どもには真摯な姿勢で向き合う、教師生活も長く、熟練した方だった。それゆえ今回のE男との出会いで自信をなくしていた。学級はE男の存在で全体的に呼吸が浅く、落ち着かないムードが漂い授業が成立しがたい状態であった。担任がE男の母親にこのことを伝えると「家では良い子にしています。先生に問題があるのでは」の一点張りで取り合おうとしなかった。

ケース会議にスクールカウンセラーが招かれ、授業参観のあとに助言を求められた彼は、いくつかの対応策を提出した。

E男の状態に対する観察からは、多動、即反応性、衝動コントロールがきかないことその他から、何らかの器質的な要因が考えられ、また母へのびくびくした表情、父、兄を敬っているようすから家庭における居場所のなさなどの環境要因、そして、知的レベルが境界域で学校における自尊心が持てないことなど、社会的要因が絡み合っているように考えられた。

相談機関への通所を勧めるために、母親の学校不信に対し以下の「荒療治」を試みた。

① 「学級混乱」を活用して、父母（保護者）参観を行い協力要請をする。
② 生徒間暴力について、両者の親を呼んで話し合いの場を提供する。その場でも相談機関を促す。
③ 学年単位の父母（保護者）懇談会で親と教師が対等に、本音で苦悩を語り共有する。
④ 記録を必ずとる（それは、教師自身を守ることになる）。

結果、教師の努力、保護者たちの協力で、E男は児童相談所の相談に乗りだし、現在母親とともに母子継続面接に通っている。学級では、イライラ感はあるが以前ほど飛びぬけて目立つようにも思えず、うまく学

図2-4-3　「校内暴力の初期対応」のフローチャート

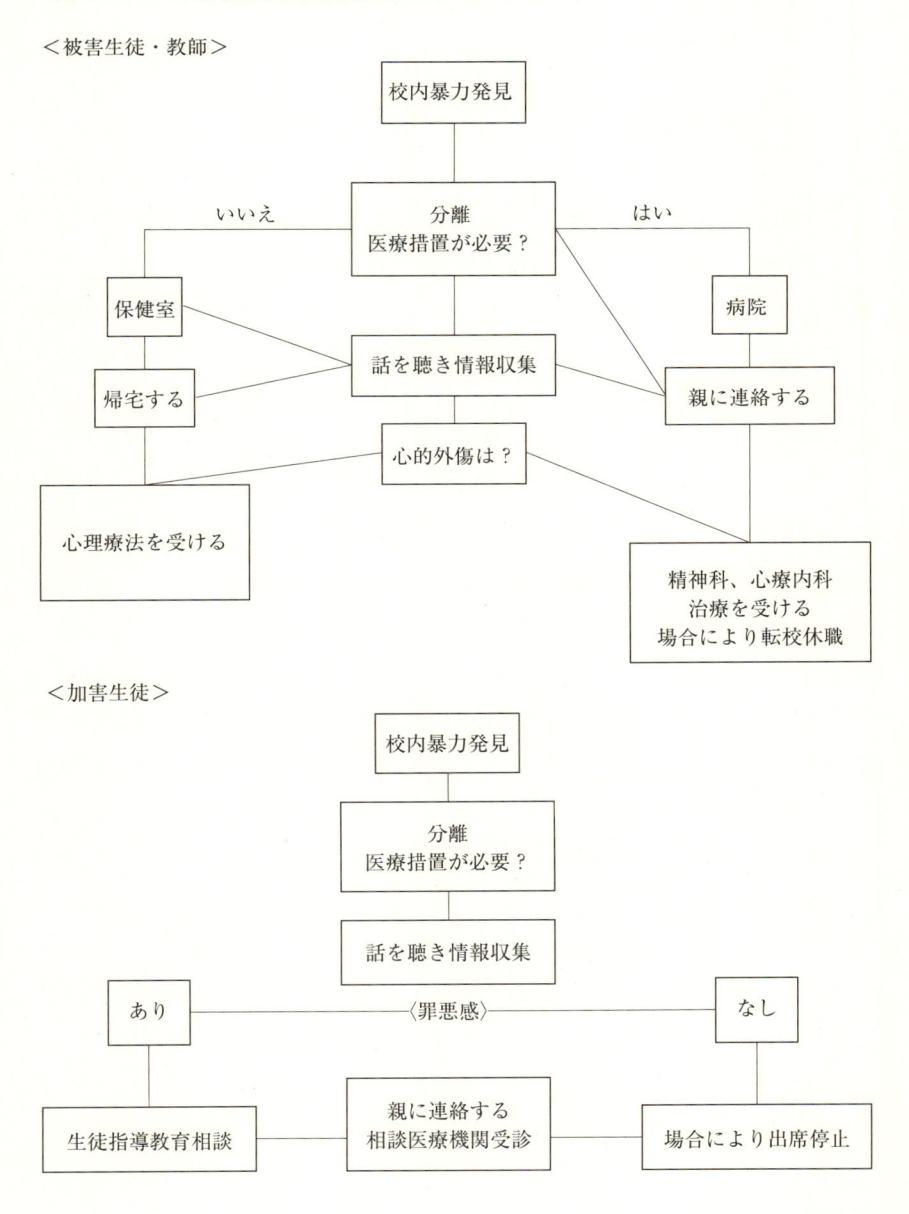

＜被害生徒・教師＞

```
                校内暴力発見
                     │
        いいえ    分離          はい
    ┌────────医療措置が必要？────────┐
    │            │                    │
  保健室          │                  病院
    │            │                    │
  帰宅する        │                親に連絡する
    │            │                    │
    └───── 話を聴き情報収集 ──────────┘
                 │
             心的外傷は？
            ┌────┴────┐
            │          │
      心理療法を受ける   精神科、心療内科
                        治療を受ける
                        場合により転校休職
```

＜加害生徒＞

```
           校内暴力発見
                │
             分離
          医療措置が必要？
                │
          話を聴き情報収集
                │
       ┌────〈罪悪感〉────┐
      あり                 なし
       │                   │
  生徒指導教育相談    親に連絡する      場合により出席停止
                   相談医療機関受診
```

（筆者・1998年作成）

級の歯車に収まっていた。一連の経過を経て、学級担任の絶望を乗り越えた晴れやかな笑顔に頭の下がる思いであった。

3. システムモデルづくり

学校独自の文化や持ち味を考慮して、自校の校内暴力対策モデルづくりを体系化することで、事態に振り回されない基本線をもつことができます。ケースに合わせてバリエーションをつけていき、さらなる修正と工夫をして発展させていきましょう。

4. まとめ

校内暴力の現れは、その派手さに圧倒され、教師は心身ともに疲労困憊してしまいます。自らが暴力行為を受けるのと同様にショックをうけて、量的差異はありますがいつまでもそれぞれの教師生活の歴史に刻まれていきます。

それゆえにともに戦友として校内暴力を乗り越えた教師集団にとっては、ある種の仲間意識が芽生えます。事例としてあげたD中学校の教師たちはその後「（当時の苦悩を）ともに語ろうの会」を発足させたと聞きます。このように特別な思い入れがいつまでも続くのだと思います。

子どもたちは、私たち大人の乾いた形式的な「個人主義」に、「孤独だ」「封じ込めだ」「疎外だ」と訴え続けるために、「暴力行為」をあえてするのではないでしょうか。「程良いつながり」を他者と持ち続けることは、私たち自身の心の解放となり、さらなる利他の精神を養ってくれるのではないかと思います。

（海野千畝子）

【参考文献】
- 河上亮一：学校崩壊．草思社，1999．
- 河原巧：学校はなぜ変わらないのか．ＪＩＣＣ出版局，1991．
- 鵜飼美昭，鵜飼啓子：学校と臨床心理士．ミネルヴァ書房，1997．
- 矢矧晴一郎：経営コンサルタントの問題解決法．日本能率協会マネジメントセンター，1998．
- Ａ．Ｓニイル（霜田静志他訳）：1 問題の子ども．：2 問題の親．黎明書房，1967．
- 大野精一：教育心理学と実践活動－学校教育相談の定義について．教育心理学年報，37，153-159，1997．
- 尾木直樹：学校溶解－新たなる共同体への陣痛．日本書籍，1997．
- 瓜生武他：学校内暴力，家庭内暴力－親と子の自立の道をさぐる．有斐閣新書，1986．

第 5 節　いじめ

　　ねえ、この気持ちわかる？　組中からさけられてさ。
　　悪口いわれてさ、あなただったら生きていける？
　　わたしもうその自信ない。
　　せっかく育ててくれたお父さんお母さんには悪いけど……。
　　ありがとう、お父さんお母さんありがとう。
　　みんなたかがいじめくらいでという人もいるけど。わたしのは
　　そんなに甘くない。ありがとう私にやさしくしてくれたみんな、
　　ここまで育ててくれたお父さんお母さん。
　　わたしはこの世が大きらいだったよ。
　　　　……以下略……
　　　　　　　　（1995年版『子ども白書』より抜粋、中1生徒の遺書より）

1．いじめとは

　「いじめ」という言葉を辞書でひいてみると「弱い者を痛めつける」と書いてあります。つまり強い立場の人が、弱い立場の人に対して痛めつけるという行為です。
　子どもが社会生活をしていると、それなりの力関係があり、子ども同士の営みのなかで、けんかをしたり、いじめたり、いじめられたりしながら人間関係を学び成長していくものです。そしてそのような子ども同士の関わりの経験から、他人の存在を認識し、他人を思いやり、支え合う人間関係ができてくることが望まれます。
　「いじめ」は、子ども同士の問題として、大人や教師や親は直接関わ

るのではなく、子どもたちのなかの仲裁役や共感者として存在していました。しかしながら、最近では単純に子どもたちの問題として放置しておけない状況にあります。前述の遺書のように、「いじめ」によって自殺、あるいは仕返し的な殺人事件などの問題が顕在化してきています。もはや「いじめ」は子ども同士の関係を学ぶ機会ではなくなりつつあるのが現状です。

このようなことから、学校現場での「いじめ」の定義について、正しく認識していくことは大切です。文部科学省は「いじめ」を"相手に対して一方的に身体的、心理的に攻撃を続けて、深刻な苦痛を与えたもの"と定義しています。そしてそのような行動が行われている場所として学校内外を規定していません。「いじめ」は学校の外でも起きています。

2．わが国の現状

わが国における統計的な実数は、いろいろな機関で報告されています。文部科学省の報告を図2-5-1に示しました。また、学校からの報告では、全国31％の公立学校でいじめが報告されており、その半数が中学校に集中しています。1995（平成7）年に東京都内の小中学校での発生は1,414件と報告されています。生徒自身への調査では、いじめたことがあると答えた生徒は小学6年生で53％、中学2年生で44％あり、いじめられたことがあると答えたものは、小学6年生で62％、中学2年生で44％と報告されています。もはや「いじめ・いじめられ」はどこにでも起こりうる問題と認識すべきでしょう。

しかし「いじめ」は表面化しにくい、子どもたちのなかに潜り込んでしまうことが多い問題なので実数をうのみにはできません。また、いじめと感じても、子ども同士の遊びの延長ととらえてしまうと見えてこなくなります。

3．いじめの姿

「いじめ」の定義を示しましたが、最近ではきわめて陰湿で、社会常識上許されない方法でのいじめ現象がみられます。たとえばつぎのようなものです。
・集団で弱い立場の一人あるいは少人数をいじめる。
・陰湿でじめじめと継続的に行う。
・歯止めがなくなり徹底的になる。
・面白半分や気晴し、うっぷん晴らしからいじめる。
・集団から少しはみだした者が対象になりやすい。
・制止するものや仲裁するものがいない。
・いじめをそそのかすものがいる。

具体的な事例としては、事件化したものがマスコミで取り上げられていますが、単なる子ども同士のけんかやじゃれあいといった域をはるかに越えています。

日本弁護士連合会が出した『いじめ問題ハンドブック』によると、暴力、おどし、かつあげなどや、無視や「ばい菌、死ね、学校へ出てくるな」などの言葉を伴ったもの、しゃもリンチ（いじめっ子が弱い子をおどしお互いに戦わせる）など、基本的人権を侵害する行為が報告されています。

4．「いじめ」を受けた子どもの症状

いじめられた子どもは、そのことによって心に深い傷を負います。これを心的外傷といいます。

身体に傷を受けた時、傷が治っていく過程を考えてみましょう。傷を受けたところは出血して、周囲が腫れて炎症をおこします。傷を受けた

図 2-5-1　いじめの発生件数

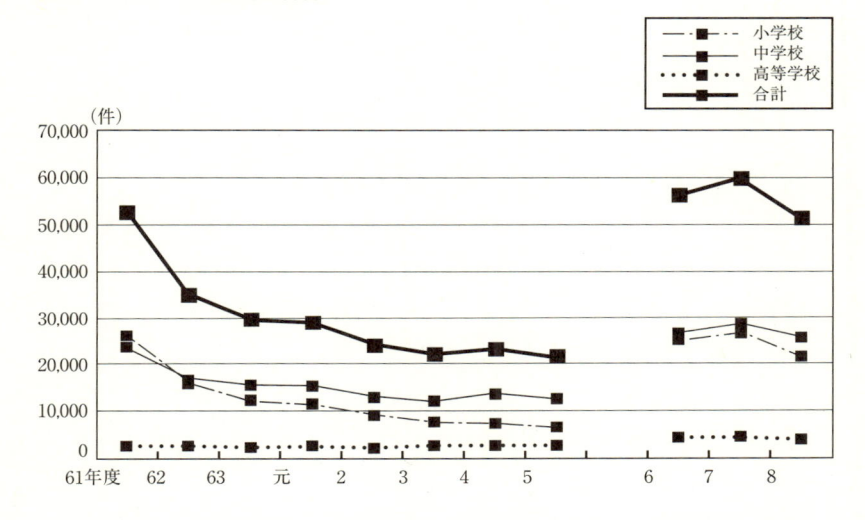

凡例：小学校／中学校／高等学校／合計

（注）平成6年度からは調査方法を変更しているため、単純比較はできない
（文部科学省統計による）

直後から痛みを伴って、ひどいときは眠られなくなったりします。そして適切な手当をしないで不潔にしておくと、ひどい場合は皮膚や組織が腐って、命さえ脅かされることにもなりかねません。いじめられて心的外傷を受けた子どもにも同じような心の変化がおこってきます。心的外傷にも適切な手当が必要なのです。子どもが示す症状は、助けてほしいというSOSですが、教師からみると、行動の問題として気づくことがあります。

　以下に心的に傷ついた子どもに認められる症状をまとめてみます。
・身体症状（頭痛・腹痛・発熱・疲れやすいなど）
・登校しぶり
・家庭内暴力
・食行動異常
・自殺念慮（考えること）、企図（くわだて）
・精神症状、など

第2章　問題生徒への理解と対応　65

長期的な影響もあります。いじめを受けた子どもは、一見問題なさそうにみえても、抑うつ的で自信がなく、社会に出ても対人関係に問題を生じやすいという報告もあります。

5．いじめを受けた子どもの早期発見とその対応

以下のような子どもがいたときには、いじめられているかもしれないので注意してください。
・休み時間や昼休みに一人でいることが多い。
・休み時間に教師の近くにいたがる。
・チームで行動するとき、最後までチームメイトとして選ばれない。
・自分の意見を言えず、不安そうである。
・落ち込んでいる。
・成績が急に低下する。

このような子どもに気づいたときの対応の原則は以下のようにします。
・子どもを「いじめ」状況から保護してやること。
・子どもが持っている不安や恐怖の気持ちを理解してやること。
・いじめられている子どもの親への配慮をすること。

いじめられている子どもが、教師に被害を訴えてきた場合は、真摯に子どもの訴えに耳を傾け、聞くという態度に徹することから始めなければなりません。

子どもは、「いじめ」られていることについては隠そうとしますし、話したがりません。子どもと心を通じて、信頼関係が保たれるように配慮しましょう。子どもは信頼している先生に、こっそりと話を切り出すかもしれません。その時は担任でなくても、カウンセリング*の時のように受容的に子どもの気持ちを理解することが重要です。「いじめ」の事実の確認のために証拠を探そうと、子どもからいろいろな状況について聞き出そうとあせって質問してしまうと、かえって隠そうとしたり、

不安や恐怖の気持ちから話さなくなってしまう危険性があります。あくまでも子どもの気持ちに寄り添って、子どもが今の気持ちを表現できるように配慮しなければなりません。子どもは"自分の気持ちを理解してくれる教師がいる"というだけで、強くなることがあります。

　子どもの親への配慮については、わが子がいじめられていると学校へ訴えてきた場合には、子どもの場合と同様に、真摯に両親の訴えに耳を傾けることが最優先されます。親の被害意識が肥大化し、攻撃的感情が尖鋭化して、学校が告訴されるという事態になり、より問題解決が複雑化しないように注意しましょう。また、子どもにとって家庭は安全基地であるはずです。しかし、ときには家族が安全基地としての機能を果たせていない場合もあります。子どもの家庭機能を評価することも重要になってきます。子どもの心と身体の安全基地をどこに見い出すかを考えなければなりません。

　いじめられる側にも問題があるとか、昔から「いじめ」はあったとか、「いじめ」はなくならないというようなことはけっして思わないこと。このように思ってしまうことは、教師としての無力感のあらわれと考えられます。

6．いじめを行っている子どもに対する対応

　まずしなければならないことは被害者を守ることですが、いじめている側の子どもに対する対応も重要です。「いじめ」は基本的には悪であり、りっぱな犯罪であり、教師は道徳的にはいじめられた子どもの立場に立つと明言することが重要です。「いじめ」は許される行動ではないということ、それはいじめている当事者を否定していることではなく、行動が許されないのである、ということを伝えることからはじめなければなりません。

　いじめが集団で行われている場合は、集団を相手にせず、集団を形成

している個人を中心に対応することがよいでしょう。

　いじめている子どもの、「いじめ」の背後にある気持ちをじっくりと聞いてやろうという覚悟も必要です。表現させる時間と空間を与えてあげれば、行ったことを自分のこととして真剣に考え始めるよい機会となるはずです。そのときは、集団を相手にせずに、個人個人に対応することが重要です。そして、再度記しておきますが、「いじめ」を不可抗力のものとして考えるのは、教師としての無力感のあらわれであるということです。

（稲垣由子）

【参考文献】
・若林慎一郎：児童青年精神科．金剛出版，1989．
・日本子どもを守る会編：子ども白書．草土文化，1995．

第6節　不登校（小学校低学年を中心に）

1．不登校とは何か

（1）不登校とはどんな状態をさすのか

　文部科学省は、「学校ぎらい」を理由として欠席した児童生徒の数を調査しています。1990（平成2）年度までは年間50日以上、1991（平成3）年度からは30日以上欠席した児童生徒数を対象としています。これが文部科学省の不登校児童の定義です。しかし実際には、30日休む前に親から教師に相談があることのほうが多いでしょう。また、「不登校」の理由として「学校ぎらい」をあげる子ばかりではありません。「学校に行きたいけど行けない」「（なぜかわからないけど）とにかく行けない」と訴える子は少なくありません。

　ですから、ここでは「身体疾患のために学校への出席が停止になっているなどの明らかな理由がないのに、学校に行かないことが続く」状態を不登校として取り扱います。原因によらず、とにかく「学校に来ない」子たちを不登校であると考えて、その子たちの状態を見ていきましょう。

（2）不登校傾向（行きしぶり）

　登校はしているけれども朝行きたがらなかったり、遅刻や早退が多い子や、学校には来ても教室には入れずに保健室や相談室で過ごしている子はどう考えたらよいでしょうか。「行ってはいるが疲れる」「時々休むが行こうと思っている」という状態もあるでしょう。ここではこのような状態を「不登校傾向（行きしぶり）＝不登校の軽い状態」として考えます。このような状態は不登校の前後でよく見られますし、基本的な対

処が不登校と同じだからです。このような行動が出てきたとき、見過ごさずに適切な対処ができれば欠席が続かないですむ可能性もあります。

(3) 不登校の子のことを考えるときに

　具体的に不登校の子のことを考えるとき忘れてならないのは、「子どもは一人ひとり違う」ということです。元気をなくして不登校に至った背景も、そこから回復していく過程も、手助けする手がかりとなる友人関係や得意なことなども、一人ひとり違います。本に書かれていることは一般的な話です。「この子は〇〇によく当てはまっている」と考えて他の要素を過小評価するのではなく、子ども自身や親や学級の友達によく話を聞いてその子の状態をしっかりつかみたいものです。

　その子が毎日どんな部屋でどんな思いで目が覚めるのか、ご飯を食べるまでにどんな会話を家族と交わすのか、学級で友人とどんなやりとりをしているのかなど、具体的なエピソードのつながりでその子の生活がわかると、その子の心境も自然と理解できます。その子の生活ぶりを映画を見るようにはっきりと想像できると、不登校の背景にあるストレスの理解につながり、対策も考えやすくなります。

2．不登校や不登校傾向の背景にある生活ストレス

　不登校になった子の生活状況を詳しく見てみると、不登校の前に慢性的なストレスがよく見られます。つぎにストレスとその援助の例をあげます。

(1) 学校内の問題

　学校内の問題は、大きく分けると友達関係か担任の先生との相性かのどちらかです。友達からの「からかい」や「いじめ」があって学校に行けなくなることもあります。そのような場合は前節「いじめ」（第2章

5節)を参考にし、クラス全体のなかでの「いじめ、いじめられ、黙認」関係を変えていくとよいでしょう。また、引っ込み思案な子が担任の教師と相性が合わないと、子どもから声をかけにくくなり学校に行けなくなることもあります。相性の合う子ばかりで学級が組めることは少ないでしょうから、相性が合わないなりにできることを行えばよいと思います。また一部の教師にすぎないのですが、体罰を行う教師の学級で子どもが恐怖を感じ登校できなくなる場合があります。その場合は早急に学校全体で問題を検討する必要があるでしょう。

(2) 家庭内の問題

　放任、ネグレクトなど、家庭内の虐待によって学校へ行けなくなることもあります。「虐待を疑うが確信がない」(第4章1節)を参考にし、地域の児童相談所や保健所に相談するとよいでしょう。また放任というわけではなくても、母親が家庭内の事情のために子どもがそのとき必要とするほど十分に関われないことも時々見られます。病気の家族がいる、世話の必要な赤ちゃんがいる、嫁姑問題がある、夫との葛藤がある、母親自身が抑うつ的でケアを要する状態である場合などです。子どもとの関わりが少ないことを指摘する前に、まず母親の事情を十分聞きましょう。母親が話を十分聞いてもらえたと感じると、それだけでゆとりができ、子どもとの関わりが好転することも多いのです。また母親自身のストレス解消や専門機関への相談を勧めてもよいでしょう。

(3) 子ども自身の問題

　子どもにはさまざまな個性があります。その個性のために、学校場面での適応が難しくなる子もいます。たとえば、学校場面で周囲に合わせて行動しているうちに疲れ切ってしまう子がいます。よい子で他の子ともつきあいができているように見えるので、親も教師も驚くことがあります。しかし実際は、自分が積極的にしたくないことを友達や先生のた

めに行っているのです。そのような場合は、自宅で自己主張の練習をしてから学校で行ってみることを繰り返します。自分の気持ちをはっきり言えたら、言えたことをすぐにほめるようにするとよいでしょう。また対人関係が下手で友達をつくりにくい場合は、比較的つきあいやすそうな子に頼むなど友達づくりを助けるとよいでしょう。まじめで正義感が強く注意ばかりしているので友達から嫌われやすい子もいます。その子が他の子の不正を注意してもそのことをほめないことが大事です。子どもらしくはめをはずせたら元気がよいと評価するとよいでしょう。また、遺尿その他の問題で友達からからかわれやすい子もいます。「いじめ」（第2章5節）を参考にしてください。

　学校は新しいことを次つぎと学習していく場ですが、新しいことに取り組む時の不安が強い子どももいます。そのような子には、新しいことに挑戦したらほめることを心がけます。失敗する不安が強い子には、たとえ失敗しても挑戦できたこと自体をほめ、つぎにはどのように行うとその課題を達成できるか教えましょう。

　普通学級の中にも学習能力がやや劣り、勉強についていけなかったり仲間同士のルールの理解が難しい子どもがいます。この問題は一般に考えられている以上に大きい影響を子どもの生活に及ぼします。とくに子ども同士のやりとりが大事になってくる4～5年生以上になると、他の子と違って勉強がわからないという劣等感を感じたり、友達同士の話がすぐに理解できず話に加われなかったりなどの問題がでてきます。「通常学級に通う軽度発達障害の子ども」（第3章4節）を参照ください。

(4) 学年による不登校の違い

　小学校の不登校は10～11歳（4年生ごろ）を境として、低学年と高学年で少し違いがあります。その特徴をつぎに述べます。

　低学年：親や教師が不登校のきっかけや子どもの変化に思いあたる点があります。家庭内での暴力はあまり問題にはなりません。元気になっ

たら自分から学校にもどることが多く、再登校までの期間が高学年に比べると短い（半年〜1年以上）ことが多いようです。

高学年：不登校と関係ありそうな原因はあるにはあるが、はっきりしません。家庭内で親子の葛藤が激しいと親に対する暴力が出ることがあります。元気になったとき、子ども自身が学校に行く行かないを決めることが多く、周囲の希望に反して自分は今の学校に行かないと決めることもあります。そのときはそれを尊重することが大切です。低学年に比べると落ち着くまでの期間が長い（1年以上）ようです。中学校に進学すると、新しい環境になり行けるようになることが多いようですが、中学校でまた不登校になることもあるので、ていねいに子どものようすを見ておくことが大事です。

このように、小学校高学年の不登校は中学生の不登校と似ています。この節では主に低学年の不登校について述べますので、高学年の不登校については次節「不登校（中学校）」（第2章7節）を参考にして下さい。

3．不登校の経過と対応

不登校時期の生活の変化については75ページに、子どもと親の状態の変化と、教師からの援助内容を時期に分けて表にしました。指導の参考にしてください。（表2-6-1）

(1) 行きしぶり時期

行きしぶり時期がどれほど長く続くかは子どもの状況によって違います。この時期はとても大事です。この時期の間に「2．不登校や不登校傾向の背景にある生活ストレス」で述べたような問題に対処できれば、不登校が続かずに学校に行ける子もいます。「困っている子が一人で問題を解決できずに元気がなくなり、不登校というサインを出して大人の手助けを求めている」と考えて、その問題について援助をしてあげるこ

とがよいでしょう。

(2) 不登校葛藤期
　週の半分以上欠席するようになり、登校をいやがることがはっきりしてきたら、この時期になります。この時期に登校を促すことはかえって子どものエネルギーを消費してしまい、回復期に入るのが遅れることがあります。そうは言っても親としてはすぐあきらめきれないのが普通です。親はたいてい毎朝子どもと「今日は行く？」というやりとりを交わしたり、お弁当を必ず作っておいたり、近所の登校している子どもと比較したくなったりするものです。「～してくれたら学校へ行く」「学校へ行くなら～を買ってあげる」などの取引もよくあります。取引で学校に続けて行けるようになることはまずありませんし、子どもは罪悪感を感じ、親は不満を感じますからやめましょう。この時期を短くやり過ごすための援助は、子どもより親中心に組み立てるとよいでしょう。
　「あまり無理して学校に来させなくてよい」と教師が親に伝えるだけで、ずいぶんと親の気持ちは楽になるものです。ただし、「学校は積極的に関わってくれない」という誤解を避けるためにも、親とは定期的に連絡をとり子どものようすを把握しておくとよいでしょう。

(3) 休息期（回復期）
　親が「今はこの子が学校に行かなくてもしかたがない」と思えるようになり、登校刺激を止めたころこの時期に入ります。子ども側から見ると、「学校に行く行かないを考えずに、元気を蓄える」時期にあたります。この時期がどれくらいかかるかは子どもによって違います。元気を出すには休んで自分の好きなことをすることが一番です。子どもが自分から行っていることは止めないのが原則です。ただし生活のリズムはなるべく崩さないようにし、昼寝してもよいから朝は起きてご飯を食べるぐらいがよいでしょう。

表 2-6-1　不登校の一般的経過

	行きしぶり時期	不登校葛藤期	休息期（回復期）	再登校試行期	再登校定着期
子どもの状態	・朝の頭痛、腹痛、微熱があることもある ・元気がなく疲れた様子 ・食欲がなくなることもあるが一時的 ・遅刻、早退、欠席が増える ・連続欠席は少ない ・休んだ日は自宅で遊んでいる	・朝起きるのが遅くなる ・週に半分以上欠席する ・登校をはっきりいやがる ・欠席が連続する ・兄弟喧嘩が増えることがある ・高価な物を買ってほしがることがある ・家庭内での暴力が出ることもある	・自宅でのんびり過ごす ・好きなことをする ・外出は少ない ・次第に身体の症状は消える ・昼夜逆転することがある	・自宅で元気 ・外出もする ・学校や友人に関心が出てくる ・行事などをきっかけに登校を始める ・再登校後はまだ疲れやすい ・遅刻や欠席が多い	・疲れやすい時期 ・小さなハプニングでいらいらしたり体調不良になる ・時々遅刻や欠席がある
親の状態	・何とかなると放置する ・気づかずに放置する ・不登校を心配する	・不登校を心配する ・様々な強制登校の試み（叱る、無理に連れていく、問いつめる）が失敗する ・ソフトな登校刺激（朝の問答、お弁当、取引）がうまくいかない	・生活を規則正しくする働きかけを行う ・子どもの話を聞く ・子どもの問題に合わせて働きかける	・子どもの様子を見ながら登校を勧める ・付き添い登校も一つの方法 ・学校での様子を子どもから聞く ・教師と連絡を取って子どもの様子を知らせ、配慮の希望を伝える	・不登校再発を心配する ・徐々に親の付き添いを減らす ・学校での様子を子どもから聞く ・教師と連絡を取って子どもの様子を知らせ、配慮の希望を伝える
教師からの援助	・親に遅刻、早退、欠席の事実を連絡する ・心配を伝える ・親と相談して考えられる慢性ストレスへ対応する援助をする ・登校の送り迎え（親か教師）を行う ・欠席した日は自宅で休養をとらせるよう依頼する	・強制登校もソフトな登校刺激もこの時期には効果がないことを親に伝える ・一般的な不登校の知識や本などを紹介する ・定期的に親と連絡を取る ・子どもと会うことはこの時期は控えてよい	・定期的に親と連絡を取る ・不登校の前の問題について親と相談して対処を考える ・すぐ登校することを期待しない「顔つなぎ訪問」を行う	・学校の行事情報などを家庭に伝える ・再登校時には友人関係や勉強に配慮をする ・保健室登校した場合は、養護教諭と連絡をとって役割分担をする（励まし役とフォロー役） ・学級参加は本人ペースで行う ・学校での様子を親に伝える	・学校での様子を親に伝える ・学級の中で子どもの問題に対して働きかける

（筆者作成）

この時期には親も子どものストレスについて落ち着いて考えられることが多く、学校側が親と相談しながら対策を考えたり実行するのに最適の時期です。相談の場では、教師側は学校でできることを考え親には家庭でできることを考えてもらいます。お互いの批判は避けましょう。自分でできることを考えるようにしましょう。この時期は家庭にいる子どもへの対処が中心となるでしょう。たとえば教師から時々子どものようすを見に訪ねていったり、友達になりやすそうな子に家に行ってもらったりと、子どもがプレッシャーを感じずに学校に関するいいイメージを持てるような働きかけが望ましいと思います。

(4) 再登校試行期

　十分休息がとれて元気になり、不登校前の慢性ストレスも軽くできる見通しが立っているなら、再登校の準備ができたと考えてよいでしょう。日常生活のリズムも登校できる程度には整っていることが普通です。

　久しぶりに登校した子は友達とのつきあいに不安を持っていますから、その不安が軽くなるように学校側で配慮したいものです。安心できる接し方は、数人の子から声をかけられ少し世話してもらうのがよいようです。久しぶりに登校したとき大勢から一度に注目されるようなことは避け、さりげなく扱いましょう。教師もあなた（その子）が学校に来て喜んでいると伝え、その子の感想を聞く機会を作ってください。

　また、休んでいる間勉強していない子がほとんどですので、授業が難しいことがあります。宿題などは負担にならないように配慮してください。子どもは学校と家とでようすがかなり違うことがありますので、親に連絡し、子どもの不安や疲労をチェックしながら親といっしょに焦らず登校を促しましょう。登校したら、小さくても何か楽しみやうれしいことを一日に一つは経験して帰れるようにしたいものです。

　すぐ教室に行ける子もいますが、保健室や相談室までしか行けない子もいます。まず学校の中に来たことを評価し、子どもがその部屋で緊張

せずに過ごせるようになってから教室へ行くことを促します。保健室や相談室に友達に来てもらうところから始めてもよいでしょうし、担任の教師の空いている時間に教科を教えてもらうのもよいでしょう。その子の参加しやすい時間割から学級に誘ってみましょう。一歩前進二歩後退という時期もあるでしょう。その子のペースに合わせることが、結局は一番の早道になります。無理押しせずに根気強い姿勢で臨みたいものです。自分が担任している期間内に不登校を直してつぎの担任に引き継ぎをしようと意気込むことは避けましょう。

(5) 再登校定着期

　登校し始めても時々休んだり、症状をまた訴えることがよくあります。学校では元気でも、自宅に帰った子どものようすを親に聞いてみるとぐったり疲れていることが多いものです。だんだんと疲れが少なくなり、遅刻や早退も減ってきたら登校が定着したサインです。

　このときも子どもに対する学校からの働きかけが大事な時期です。不登校前の慢性ストレスの解決を手助けすることで、不登校の再発を防ぐことができます。この時期をまったく問題なく通過する子どもはほとんどいません。ハプニングがあっても子どもがそこから学ぶことができ、ストレスに耐える力を身につけられればそれでよしとしましょう。

4. 気をつけたいこと

(1) 教師がしないほうが良いこと
①親の育て方、しつけの仕方への批判

　たとえ目につくことがあっても、親から言い出さない限り教師から言うことは避けたほうがよいと思います。不登校の子どもを持つ親はとてもつらい気持ちです。協力してくれるはずの教師に批判されたと思うと、親が学校への信頼を失ってその後の話し合いが難しくなることがありま

す。
　②親が納得していない段階で登校を促すこと
　親からは「子どもの状態を考えずに登校を無理強いしている」と受け取られることがあります。
　③学校内であった問題を否定すること
　いじめや担任の教師の体罰がきっかけとなって登校できなくなる子もいます。そのような場合、事実を否定するとかえって親との話し合いが建設的にいかないことが多いようです。結果的にそれは子どもの再登校の妨げとなりますので、問題は問題として傾聴したうえで、できる対策を話し合う姿勢を保つことがよいようです。

(2) 教師がしたほうが良いこと
　①親との話し合い
　親と協力して子どもへ対応しているなら、やがて子どもは再登校してくることがほとんどです。子どもと直接話し合わなくても、信じながら待つことも大切です。
　②行きしぶり期と、再登校が始まってからの配慮
　再登校期で述べたとおりです。
　③学校内での協力体制づくり
　不登校は「担任の指導力不足」ではないのですから、抱え込まずに学校内で相談することが必要です。担任には難しいことでも、養護の教師が行いやすいこともあるでしょう。役割分担をしてチームを組んで不登校児童とその親に対応できるとよいでしょう。また、管理職の校長や教頭は、学校内で相談することを恥とせず、むしろ研鑽の機会と考える雰囲気づくりや、教師が協力し合って問題を共有し解決していく仕組みを学校内に作ることが大切だと思います。必要に応じて学校外の機関への相談も行えるとよいでしょう。

(3) こんなサインは要注意

つぎのようなサインがあるときは、医療機関(小児科、精神科)に一度相談するよう両親に勧めてください。

- 「明日の朝、目が覚めないとよい」「生きているのがつらい」「死にたい」「私が死んだらどうする？」など、死にたい気持ちを言葉にしているとき。
- 感情の起伏が激しく怒りっぽくて、落ち着いた話が両親ともできないとき(教師に対してだけであれば、こういうことは時々あります)。
- 食欲や睡眠の変化が大きく、やせたり身長の伸びが止まったりしているとき。
- 登校をしないことが長く続いているが元気が出てこないとき(4〜6ヵ月以上たっても何の変化もないなど)。

5．相談先リスト

相談するこつは、自分の立場からの疑問や希望や意見をはっきりさせておくことです。以下の相談機関についての解説は一般的なものです。現実には地域により実状に違いがありますが、学校外の視点が役に立つこともあるのであげておきます。

スクール・カウンセラー：最近は配置されている学校が増えてきている。ほとんどが臨床心理士で学校に週に1〜2日、在籍している。こまめに連絡を取って対応の方法を相談できる。

教育事務所：県によって事業の実態は違うが、教育相談、相談員の家庭訪問などを行っている。まず電話してみるとよい。適応指導教室などの情報も持ち、紹介もしてくれる。

適応指導教室：教育委員会が不登校の子のために設置した教室。地域により教室の雰囲気もそれぞれ違う。学校に行けないが他のところへは行ける、大人数の集団には入れないが少人数なら入れる子に向く。

児童相談所：18歳未満の子どものことなら何でも相談できる。とくに非行問題や虐待問題の公的窓口機関。親や子どもの来談が前提。

精神保健福祉センター：親や子どもに対し精神科医が相談にのる。親が医療系の相談機関に相談したいと思っている場合はまずここを勧める。児童思春期専門の精神科医がいることもある。センターで相談を継続できなくても、地域の不登校親の会や、小児科、精神科などの情報をもっていて紹介してくれることもある。

小児科：子どもはたいてい体の不調を訴えるので、体の病気がないかどうかのチェックをしてもらうとよい。不登校の子どもを多数見ている小児科では、継続した相談にのってくれることもある。

心療内科：体の病気があるかどうかのチェックも、継続した相談も受けつけてくれることが多い。児童思春期専門の先生がいることもある。

精神科：親や子どもに対する相談を受けつけるが、一般的な精神科では児童思春期専門の医師がいないことが多い。まず電話をして相談をしたほうがよい。ただし精神的変調が大きいとき（死にたいと言う、ひどく怒りっぽい、言動にまとまりがない）は早めに精神科への受診を勧める。

（後藤晶子）

【参考文献】
・冨永祐一：不登校　親の心配　子の不安．筑摩書房，1997．
・三好邦雄：失速するよい子たち．主婦の友社，1996．
・稲垣卓：登校拒否児への援助．金剛出版，1991．

第7節　不登校（中学校）

1．不登校の概念について

　近年登校拒否という言葉に代わって、不登校という言葉が一般に用いられるようになりました。この流れは、文部科学省が従来の登校拒否に代わって不登校という用語を用い、不登校はだれにでも起こりうるものとしたことに主として端を発しています。しかし、不登校という言葉を聞くたびに、この言葉は登校拒否と同じものを意味しているのだろうかと私は自問することになります。

　一般的には、これまで登校拒否といわれていたものと同様の状態を指しているように思うのですが、不登校という言葉を文字どおりに捉えると、学校へ行っていないという状態一般を意味しており、そこには病気や非行による不登校などあらゆる不登校が入ってくるように思われます。最近の国際的診断基準には、登校拒否という診断名は含まれていないわけですが、少なくともわが国においては、登校拒否という言葉は、これまで引きこもり（退却）を主要な防衛メカニズムとする一つの臨床単位として、その特徴を明確化しようとされてきました。

　しかし、不登校という言葉のなかには、そのような概念化を突き崩そうとする動きが含まれているように思われます。つまり、登校拒否として明確化されてきたものをより一般化された不登校という概念のなかに解消しようとする方向性です。ある意味で、こうした動きは登校拒否研究の歴史に逆行する動きであるとも言えるのですが、現実的には、従来登校拒否といわれてきた児童・生徒が増大するとともに、典型的な登校拒否病像を示すものの割合が減少し、登校拒否の病像そのものが曖昧化

してきたという事実を反映しているのかも知れません。つまり、登校拒否といわれる概念自体が現実の臨床において意味を持たなくなってきているのかも知れません。

しかし、もし、不登校という言葉がある特徴的な類型を想定しない概念であり、だれにでも起こりうるもので、個々のケースによってその特徴がまったく異なるものであるとするならば、それに対して一般的な対応を定式化することは困難です。その場合、対応は個々のケースについて考えていくしかないということになります。

逆に、このことは心理的な問題に対する対応としては最も重要なことであるとも言えるわけで、むしろマニュアルどおりの対応をしているよりも生産的であるといえるかも知れません。このように考えてくると、不登校に対してどのような対応が必要かということについて、ほとんど述べるべきことはないということになり、教師は一人ひとりの児童・生徒とごく普通の関わりができることが重要であるということになります。

しかし、それではあまりに漠然としているので、私自身が登校拒否児との関わりの中で感じている点を、いくつか挙げてみたいと思います。

2．不登校中学生に対する対応

いくつかの項目を述べる前に、教師は子どもとできるだけ日常的な関わりを持って、子どもについてよく知っておくというのが基本だと思われます。つぎに、どれも非常に常識的なことですが、登校拒否との関わりのなかで気をつけるべきいくつかの点について述べることにします。

(1) 子どもから聞いたことをどこまで親やクラスの子どもに話すか

基本的に登校拒否の子どもたちは担任に相談したりしません。しかしそれでも時には、子どもが担任などに自分の悩みを相談することがあります。たとえばそれは、クラスでの友人との関係についてであるかもし

れません。担任は通常善意からですが、そうした問題をクラスで取り上げたりします。

　もちろん、教師は具体的な問題の解決をつねに求められているわけであり、そうした行動を教師がとることはやむを得ないところがあるのですが、そうしたことがよけい子どもを登校拒否に追いやることがしばしばあります。教師のなかには子どもの秘密（プライバシー）を守ることの重要性を、必ずしも十分に認識されていない人もいるように思われます。子どもから聞いたことをどこまでクラスなどで話すか、子どもと相談しながら決める姿勢が大事だと思います。

(2) 保健室登校してきた場合にあまり欲張らないほうがよい

　最近は保健室登校が一般的に行われるようになり、かなりの登校拒否児が保健室で過ごすようになりました。登校拒否児は通常登校するとごく普通に過ごしているように見えます。そのため、保健室で過ごしている子どもも少し勧めれば教室に入れるのではないかと思えることがよくあります。実際、教師が勧めると、子どもも一見するといやがらずに教室に入ることがあります。

　しかしつぎの日から、保健室に行くと教室に行かされるからいやだ、と言って保健室へも行かなくなることがよくあります。登校拒否児は、一般的に人の意向によって行動することが多く、人に「いや」と言えないところがあります。そのため、登校拒否児にとって、自己を守るためには、家に引きこもって、外との接触を断つしか方法はないのです。そうした登校拒否児の心理を理解しておくことが必要です。

(3) 家庭訪問、電話などは子どもの反応を見ながら進める

　子どもが家に引きこもっているとき、担任が定期的に家庭訪問をすることが一般的に行われています。もちろん、このことは登校拒否児にとって、自分が担任やクラスから忘れ去られていないこと、関心を持たれ

ていることを示すよい機会になっており、非常に意味のあることです。このような訪問を続けていくうちに、子どもが先生と会っていろいろな話をするようになり、そのことが子どもが登校を再開する大きな要因になったケースも多く見られます。

　しかし一方では、そのように教師が定期的に訪問してくることが子どもにとって登校を促す大きな圧力に感じられ、子どもの不安、緊張を高める結果となり、マイナスの要因となることもあります。学校側からの働きかけを行う場合、その働きかけに子どもがどう反応するかを見極めながら進めていくことが重要です。

(4) あまり一人で抱え込まずに、学校内外との連携を考える

　このことは学校内のどのような問題に対しても当てはまることですが、登校拒否が自分のクラスから出ることは恥であるとか、クラスの問題は自分で解決しなければならないと思い、担任がすべてを抱え込むことは担任の心理的負担を大きくするのみで、あまり問題の解決にはつながりません。学校内では、養護教諭やスクールカウンセラーなどと連携し、また必要に応じて相談機関や医療機関と連携をとりながら、問題の解決に取り組むのがよいでしょう。

(5) 時間がかかることを認識する

　(4)とも関連するのですが、登校拒否児が社会復帰をするためにはかなりの時間がかかるので、自分が担任をしている間に何とか問題を解決しようと焦らないほうがよいように思います。筆者の受け持ったケースでは、中学２年から不登校状態となりましたが、二十歳を過ぎて自分から動きだし、大検を受け、大学に入学し、社会人として活躍している人もいます。こうしたケースを見ていると、本人が時間をかけて成長していくのを見守っていくことが大事であるように思われます。そのためには、自分が担任をしている間に問題を解決できなくとも、その子の精神的成

長にプラスになるために、どのような関わりができるかを考えてみることが大切でしょう。

3．今後の問題

　ここでは、これまで典型的な不登校（登校拒否）と考えられてきた児童生徒を念頭において教師の具体的な対応を述べてきました。しかし、先にも述べたように、近年、不登校の増大とともに、典型的な登校拒否はむしろあまり目立たなくなり、非行傾向を伴う者や明るい登校拒否と言われるように一見すると不登校を悩んでおらず、昼間も外出したりする子どもが増えてきました（従来の登校拒否児は学校に行っていないのを近所の人に見られるのを極端にいやがっていました）。登校拒否の特徴が変化していくとともに、今後学校教師のこれらの子どもに対する対応も変化していく必要があるのかも知れません。

　このように、不登校現象そのものが流動化している現在において、教師に求められることは、これまでの「子どもを刺激しないでそっとしておきましょう」というマニュアルどおりの対応を漫然と繰り返しているのではなく、この子どもがなぜ学校に来れないのかをその子どもに則して考えていく姿勢であると言えるでしょう。ここではマニュアルを示したわけであり、ここで私が述べていることは一見するとそのことと矛盾しているように思われるかもしれません。マニュアルはあくまでも基本であり、マニュアルを押さえた上で、個々の子どもについて考えていくことが大切でしょう。

　　　　　　　　　　　　　　　　　　　　　　　　（本城秀次）

【参考文献】
・本城秀次：登校拒否に伴う家庭内暴力の治療．精神科治療学，4，星和書店，699-707，1989．

・本城秀次：不登校青年への心理的援助．現代青年の心理と病理（久世敏雄編），福村出版，190-205，1994．
・本城秀次：「不登校気分」とは何か．児童心理，6月号，18-24，1996．
・本城秀次：登校拒否－比較的典型的な治療経過をたどったと考えられる男児例．精神科ケースライブラリー－児童・青年期の精神障害（風祭元、栗田広編），中山書店，262-274，1998．
・稲垣卓：登校拒否（総論）．精神科治療学，6，星和書店，1131-1140，1991．

第3章

生徒の心身の問題への対応

第1節　小児心身症

1．心身症とは

　たとえば喘息や胃潰瘍などのように、本来、体の病気でありながら、その発症や経過に心理社会的な要因が強く関与している場合、それを心身症と定義します。すなわち、人間の体は、精神の緊張や不安の影響を受けて異常が生じることがあり、それらが原因で体そのものに病変が生じるときにそれを心身症と呼びます。成人では、喘息、胃潰瘍、高血圧症などの明確な病気が時として心身症として発症することが知られています。ですから、逆にこのような診断を受けたものがすべて心身症患者ということではありません。

2．小児の心身症

　小児でも成人と同じように体の病気が心身症として認められることもありますが、たいていは嘔吐、頭痛、腹痛など単発的な身体症状が心身症として生じることが多いのが特徴です。また、精神的ストレスは病気の発症だけでなく、その症状や経過にも大きく影響を及ぼすことがあり、小児にはこのようなタイプが多いのも特徴です。たとえば、家族関係に困難があって入院すると喘息発作は起きないのに、外泊させるとすぐに発作が起きるとか、アトピー性皮膚炎が受験前になると悪化するなどです。また、小児期、思春期にとくに心身症として発症しやすい病気がいくつかあります。主なものについて以下に簡単に説明します。

(1) 起立性調節障害

　主症状は、頭痛、めまい、立ちくらみ、のぼせ、車酔いなど、循環器系の自律神経失調症状です。朝方に低血圧になりやすいため、すぐに起床できない、起床してもしばらく動けないなどの症状が見られたり、学校の朝会や集会などで長時間起立していると失神したり、具合が悪くなることも多く見られます。小学校高学年くらいから高校生の主に女子に多く、数ヵ月から数年症状が続くこともあります。血圧を調整する薬物の服用により、たいていの症状は改善しますが、心身症として発症すると長期化する傾向があります。また、いわゆる登校拒否の初期症状にもよく見られます。

(2) 過喚起症候群

　主症状は、突然の胸痛や息苦しさと、呼吸が早くなって止まらなくなる（過呼吸）ことです。過呼吸になると手足がしびれて動けなくなり、息が苦しくて辛いので、精神的にパニックや不穏状態になることもあります。過呼吸時には安静にさせ、口に紙袋を当てて自分の呼気を吸入させるようにします。二酸化炭素を多く含む呼気を吸わせると過呼吸が治まるのです。さまざまな不安や心理的ストレスが発症の契機になっていることが多く、根本的な治療には精神安定剤の服用や心理的ストレスを軽減させることが必要です。

(3) 過敏性腸症候群

　下痢や便秘を繰り返したり、緊張する場面でお腹が鳴ったりガスが出そうになったりする消化器系の自律神経失調症状です。静まりかえった授業やテスト中などにこれらの症状が悪化することが多く、症状は数年にわたって長期化することが多いようです。治療には過敏性腸症候群治療薬や精神安定剤の内服と、緊張しやすい性格傾向を改善していく必要があります。場合によってはテストや授業を個室で受けられるような配

慮も必要です。

3. タイプ別小児心身症の理解と対処

　心身症が生じるときには、ストレス要因の関与の仕方とか、ストレス要因に対する子どもの対処の仕方などによって、症状の重篤度、経過の長さ、症状の意味などに違いがあります。その違いによって治療や対処方法が大きく異なるため、心身症の発症メカニズムを知ることは非常に大切ですので、小児心身症を4つのタイプに分けて考えます。

◇**タイプ1：心身反応型**
　・心理社会的なストレスに直接反応して身体症状が形成される。
　・幼少児に多く、腹痛や下痢などの単純な身体症状が多い。
　・多くの場合、ストレスが消失ないし軽減すると、身体症状も速やかに消失する。

症例－F男（幼稚園児）、症状：嘔吐（自家中毒）
　幼稚園のお遊戯発表会の前日より嘔吐がたびたびあり、体力を消耗して発表会は休んだ。発表会が終わった途端嘔吐は消失し、翌日は元気に登園した。しかし、その後もひんぱんに幼稚園で嘔吐を繰り返すため専門医に紹介された。嘔吐は吐き気止めで治まったが、担任の話から、お遊戯をいっしょにすることになっていた男児からいじめられていたことが判明した。担任にお願いしていじめを解消してもらったところ、嘔吐は再発しなくなった。

◇**タイプ2：葛藤回避型**
　・心理社会的なストレスに対して無意識的な葛藤を抱き、症状形成によってストレスが回避される状況が無意識のうちに生じる。

- 幼児から思春期に至る幅広い年齢層に生じ、身体症状や意識障害などが認められる。
- 葛藤が回避される状況では症状が消失ないし軽減することが多い。
- 経過は慢性化しやすいが、状況の変化によって劇的に改善することも多い。

症例－G子（中学校3年）、症状：胸痛、過呼吸（過換気症候群）

　学校で突然胸痛を訴えて倒れ、救急車にて大学病院に搬送された。心臓や胸部には異常が認められず、心臓専門医から病気ではないと言われた。その後も学校で連日のように胸痛と過呼吸、手足のしびれを訴えて救急車で搬送されるため専門医に紹介された。

　胸痛、過呼吸などに対して精神安定剤を投与し、過呼吸時には顔を紙袋で覆って呼吸することを教えた。学校には救急の心配はまったくないことを説明し、胸痛を訴えたときは持参薬を服用させ紙袋で呼吸させ休ませるよう指示した。母親の話から、学校での友人関係、両親の離婚、受験などのストレス因が判明した。胸痛の訴えに周囲が振り回されなくなったころ、一時的に情緒不安定になったが、精神安定剤で症状は落ち着き始めた。その後、両親は正式に離婚し、G子は母親と同居することを自分で決めた。また、高校受験も担任の計らいで推薦入学が決まり、友人関係の噂も立たなくなり症状は自然に消失した。

◇**タイプ3：身体表現型**
- 心理社会的なストレスに対して適切な心理的解決が図れず、我慢しているうちにその苦痛が身体症状に置き換わる。
- 年長児で自己表現力が乏しく、情緒発達も未熟な子に多い。
- 直接的なストレスが回避されると症状は軽減することもあるが、タイプ2ほど極端ではなく、経過は慢性化・長期化しやすい。

症例ーH子（中学校2年）、症状：腹痛、下痢、吐き気、不登校（過敏性大腸炎）

　中学校2年の4月中旬に急性胃腸炎で下痢した後から登校前に腹痛、下痢、吐き気を訴え、5月下旬から朝の腹部症状のためまったく登校できなくなり、専門医に紹介された。

　親の面接では、父親が子どもの躾に厳しく、母親は過保護、過干渉。H子はもともとおとなしく自己主張も少なく、人の言いなりになることが多いと判明した。薬物療法と親のカウンセリングを平行して行うことにし、登校前に強力な下痢止めを予防的に投与し、絶対に下痢しないことを保証して本人を安心させた。同時に精神安定剤も併用した。両親には登校を強要せず、症状が和らぎ登校できそうなら親が付き添って登校すべきと話した。学校にも本人が自由にトイレへ行くことを許可し、不安な時には保健室で受け入れてもらえるようにした。

　そのような対応によってH子は、週に2日程度症状が落ち着いた午後から登校するようになった。しかし、それを見た父親が「それなら毎日、朝から行け」と叱責し、母親もH子をかばわなかったところ、翌日からまた症状が悪化した。両親に故意に学校を休んでいるのではないこと、緊張すると自然に体が反応して症状に出てしまうこと、親の役割はH子の緊張感を和らげ、少しでも症状をセルフコントロールして登校できる自信をつけさせることにあること、を説明した。それで再び症状が和らぎ少しずつ登校可能な日が増えたが、その後もこのような調子で一進一退の状態が続いた。H子には頑張って登校していることをほめ、親には辛抱強く子どもをポジティブに評価するよう励まし続け、約1年が経過して症状はかなり落ち着き、毎日登校可能となった。

◇**タイプ4：経過修飾型**
　・発症のメカニズムとしては、タイプ1から3のどのタイプも認められる。

・糖尿病、喘息、アトピー性皮膚炎など心理的な状況が経過に影響を強く与える慢性の心身症で、心理的な問題への配慮が乏しいときにこのようなことが生じやすい。

症例―Ｉ子（小学校5年）、症状：アトピー性皮膚炎の悪化、不登校

　2歳の時に重症のアトピー性皮膚炎を発症した。種々の皮膚科治療やステロイド治療を試みるも効果なく慢性化する。Ｉ子は全身のかゆみが強くしつように母親に背中を掻いてもらいたがって泣くため、母子関係は幼児期より安定しなかった。

　小学校に入ってもアトピーは良くならず他児からいじめられることが多かったが、低学年のうちは担任がＩ子をかばってくれて登校できていた。ところが、5年生になって担任が母親と同年齢の厳しい女の先生になり、アトピーが悪化し不登校となったため皮膚科医より紹介された。

　治療者は母親に、Ｉ子にとって母親の精神的支えが必要であり、Ｉ子を受容することが情緒発達にとって大切であることを諭した。Ｉ子にはかゆみ止めを大量に投与してかゆみの消失を図り、それによってＩ子が母親にとって受け入れやすい状態になった。学校担任とも連絡を取り、生徒に対して受容的な養護教諭に受け入れをお願いして保健室登校を開始した。このような対処により、Ｉ子は約6ヵ月で教室登校可能となり、アトピーもかなり改善した。また、担任の指導によりクラス内でのいじめも解消した。

4．心身症小児の心の理解と心理学的対応

a）子どもが訴える身体症状は実際に体験されている本当のことです。
　「診察や検査で異常が見つからない」＝「病気ではない」ということではないし、「ストレスが軽減すると症状が消える」＝「仮病（詐病）」ということでもありません。ですから、身体症状の訴えを信じてくださ

い。ただし、本当に訴えたいのは身体症状ではなく、身体症状は助けを求めるサインなのです。

b）**心理的ストレスは必ずありますが、子どもがそれを自覚しているわけではありません。**

　子どもや家族の「心配事や原因、気になることは何もない」を鵜呑みにしてはいけません。また、子どもや家族は「身体の病気」と認識していることが多く、「心の病」とみなされることに抵抗感や劣等感、罪悪感などを抱くことが多いのです。ですから、心理的ストレスについてあれこれ問いただすことはせず、さまざまな関係者から情報を収集するのがよいでしょう。

c）**心身症には心身両面からのアプローチが必要です。**

　身体症状に対するなんらかの対処やさまざまな配慮は必要不可欠です。その一方でストレス因を軽減したり、解決に向けた対処を行っていく必要があります。たとえば、腹痛を訴える子どもに対して、痛みに対する対処は必要ですがそれは最小限にして、背景にある気持ちを読みとってそれに向けた対処が必要です。

d）**心理的ストレスは単なるきっかけであり、発症に至るまでには、その子どもと生活環境（家族や学校を含む）との交互作用の長い悪循環過程が必ずあります。**

　自分の価値観を押しつけたり、親や学校を責めるだけでは問題が解決しないのは言うまでもありません。子どもや家族に信頼されるためには、訴えに傾聴し無批判的に受け入れる必要があります。治そうと思うよりも共感することに徹し、自然に治るのを見守る感じがよさそうです（心身症に特別有効な治療方法があるわけではないのです）。

5. 学校での対応に期待すること

a) 身体症状を認めましょう。

心身症は仮病ではありませんので、訴えられる症状はすべて本当に体験されていることです。ですから、普通の身体疾患として「本人が望むように苦痛を和らげてあげる」配慮が必要です。訴えを真剣に受け止める必要があり、そうでないと先生は子どもの信頼を失うことになるでしょう。しかし、心配し過ぎたり、学校を休ませるのもよくない場合があります。どこまで配慮すべきか迷ったときは、担当医の指示を受けるのがよいでしょう。

b) 心身症の原因はその子の心が弱いからではありません。

心身症は心の病で、そのような病にかかるのは心が弱いからだと考える先生が多いのですが、そうではありません。心身症を発症しやすい子どもは他の人より感受性が強く、さまざまな出来事や変化に対して敏感なのです。身体症状は、そういう子どもが窮地に置かれているという口に出せないサインだと読み取ってほしいのです。自分の気持ちをはっきりと主張できる子もいればそうでない子もいます。心身症の子どもは、単に特別な配慮が必要な個性を持った子どもと考えたほうがよいでしょう。

c) 学校が子どもにとってストレスであることも多いのです。

学校では子どもが学校に来てあたり前と思うことが多いでしょうが、子どもたちはさまざまな理由で学校に行きにくくなることがあります。友達関係、いじめ、勉強、家庭でのストレス、受験に対する不安、テストの不安など。その気持ちや理由がわかれば、先生も身体症状に対して共感しやすくなるでしょう。学校側の都合で子どもに対処するのではなく、子ども一人ひとりの困難に応じて柔軟に対処してほしいものです。

（氏家　武）

【参考文献】

・奥山真紀子他編：小児科の相談と面接－心理的理解と支援のために．医歯薬出版，1998．
・成田善弘：心と身体の精神療法．金剛出版，1996．
・河野友信他：心身医学と人間．こころの科学，49，日本評論社，1993．
・小児内科・小児外科編集委員会編：小児の心身症．小児内科，23（臨時増刊号），東京医学社，1991．
・山下文雄編：こどもの心の問題．小児科MOOK，60，金原出版，1991．
・岩波文門編：小児の心身症．小児科MOOK，30，金原出版，1990．

第2節　摂食障害（拒食症と過食症）

1．はじめに

　近年、欧米を中心とする先進諸国で摂食障害（拒食症・過食症）が急増していますが、わが国も例外ではありません。この背景には、高度の工業化社会と高学歴志向の浸透、女性の自立、肥満蔑視と痩せ願望の社会風潮、食事に対する享楽的傾向などの社会的要因に加え、現代家族の病理要因や青少年の心理特性要因の存在が考えられています。
　臨床的には、精神的なことのみならず、身体的にも十分なケアを必要とすることが多く、専門的な治療対応が求められています。
　ここでは、拒食症の定義、状態像、病因及びその対応を述べ、最後に過食症についても簡単に触れておきます。

2．拒食症（神経性無食欲症）とは

　拒食症は拒食と極度のやせを特徴とする病気です。拒食症患者は体重や体型へのこだわりが強く、やせているにもかかわらず、体重が増えることを恐れています。
　拒食症患者は、強いやせ願望や肥満恐怖を持ち、自分の身体を実際より太いと感じる身体像の障害を有していることがよくあります。つまり、実際の見た目は不気味なまでにやせ細っていても、本人にはまだ太っていると感じているのです。食行動の特徴としては、体重減少を目的とした減食や偏食及びそのための熱心なカロリー計算、空腹感の減少などのほか、家族にも自分の作った料理を食べさせることや盗食や隠れ食いな

どがあげられます。そして、むちゃ喰いを繰り返して過食症に発展することもあります。その他の行動面では、少しでも体重を落とそうと活発に動き回ることなどが特徴的です。

身体面では、全身状態として、体重減少、低栄養状態、脱水、低体温などを呈してきます。その他、低血圧、たちくらみ、徐脈、不整脈といった循環器系の症状や便秘、嘔吐、腹痛、腹部膨満感などの消化器系の症状、及び無月経、皮膚の乾燥やむくみ、産毛の密生、う歯（虫歯）や唾液腺の腫脹（はれ）、骨密度の減少や病的骨折などが認められます。

3．拒食症の病因とその対応

拒食症は、そのほとんどが自らの意志によるダイエットにより、また一部は食事摂取が困難な状態で発症しますが、単なるダイエットの行き過ぎだけが原因とは考えられていません。その発症にあたっては、個人の性格やストレス、さらには家庭の影響、社会文化的背景など、さまざまな要因があり、多面的な見方が必要です。

生徒の心理的問題は、不登校や校内暴力などのように学校生活への不適応状態として現れてくるとは限らず、先生や両親の期待する生徒であろうと過剰適応している生徒のなかで大きくなってくることもあります。拒食症もそういった生徒たちに見られることが多いのです。

拒食症に陥った生徒は、自分が病気であることを認めようとせず、体重減少が進んだ状態でも、活発に振舞っていることがほとんどです。しかし、さまざまな身体症状を呈してくる病気ですから、そのような状態での過活動は危険なことなのです。やがて、心理的にも不安定となり、学校生活への不適応を示してくるようになります。

その食行動は、家庭の食卓を中心に展開されますので、家族がその異変に気づき医療の扉をたたくことがほとんどです。しかし、その発症要因として、学校生活への過剰適応や友人関係における葛藤が含まれてい

図 3-2-1　拒食症と過食症の多面的モデル

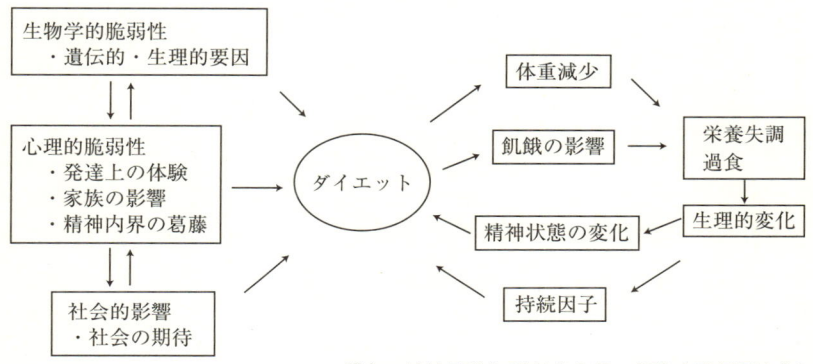

```
生物学的脆弱性
・遺伝的・生理的要因
                                    体重減少
                                              → 栄養失調
心理的脆弱性                 ダイエット    飢餓の影響 →  過食
・発達上の体験          →                        → 生理的変化
・家族の影響                       精神状態の変化
・精神内界の葛藤
                                    持続因子
社会的影響
・社会の期待
```

（『食の精神医学』所収高木州一郎論文引用図より）

ることもあり、教育と医療の連携が必要となってくることもあります。生徒のこのような状態に気づいたときには、病気の解決を考える一方で、その生徒にとってこの病気が「必要であった病気」という認識を持ち、それまで一人で背負い込んできた心の葛藤をいっしょに解決していく場所として、病院への受診を勧めてください。

　学校と病院の連携が必要とされるもうひとつの時期は、生徒がある程度回復し、学校生活に戻ってくる時期です。このときにも医師との連絡を密にし、それぞれの生徒に合った対応を心がけてください。

4．過食症（神経性大食症）について

　過食症は、強迫的に多量の食物を摂取し続け、自分でコントロールすることができなくなる摂食行動異常です。拒食症の患者の中に、過食症を合併しているものが少なからず存在します。また、現在過食症を示している患者の多くは、かつて拒食症だったものが少なくありませんが、いきなり過食症を生じるものも存在します。過食症の患者は、過食による体重増加を防ぐために、自己誘発性嘔吐、下剤の乱用、摂食制限など

を行います。また精神症状としては抑うつ気分、無気力、注意集中困難、不安焦燥感などがみられ、自傷行為、自殺企図、あるいは盗癖などの衝動行為を認めることがあります。

(池永佳司)

【参考文献】
・星野仁彦・熊代永編：摂食障害119番．ヒューマンティワイ，1990．
・野上芳美・竹中秀夫編：食の精神医学．精神医学レビュー，32，ライフ・サイエンス，1999．

第3節　精神分裂病とうつ病

1．精神分裂病とうつ病とは

　分裂病とうつ病は合わせて精神病（psychosis）と呼ばれることもあります。一般人口の中で病気になる率（罹病率）もとても高く、分裂病は0.7％前後、うつ病はそれよりも少ない0.5％程度に現れることが知られています。この二つの病気の大きな特徴は、分裂病が基本的には放置するとだんだん悪くなっていって、社会的な機能に障害を残す欠陥状態と呼ばれる状態に最終的には至ってしまうという、一車線進行型であるのに対し、うつ病は基本的には病相が反復して生じ、病気と病気とのあいだには普通に戻るという、循環型であることです。またうつ病のグループの中にうつとは正反対の躁状態を呈するものがあります。以下、簡単に各々の特徴を説明します。

(1) 分裂病の特徴的な症状

　主な症状は妄想、幻覚、思考障害ですが、それぞれ分裂病独特の様式のもので、幻聴にしろただ単に空耳がするというのとは異なることに注意する必要があります。たとえば、分裂病特有の妄想として、妄想知覚と呼ばれるものがあります。これは、普通に知覚したものが独特の意味をもって二重に感じられるようになってしまう現象で、すべてのことが自分に特別の意味を伝えるものとなってきます。たとえば、「自分がよく行くコンビニの袋が家の前に置いてあったのは、自分にある使命を伝えようとしてのことだ」といった具合です。先に幻聴が空耳とは違うと述べましたが、分裂病特有の幻聴として、自分の考えが外から声で聞こ

えるもの（思考化声）、二人以上の人が自分のことを会話しているのが聞こえるもの（対話型の幻聴）、自分の行為をことごとく批判する声が聞こえるものなどがあり、これらの幻聴については分裂病の可能性が大変に高くなります。また思考障害も、中心となるのは「脳の中に受信機が仕込まれ、電波を送り続けられる」「自分の考えが他の人に筒抜けになっている（思考伝播）」「他の人に操られている（作為体験）」など、自分の主体性や自立性が混沌としてしまった状態です。自分が何か大きな不気味な組織のようなものに取り巻かれていて、周囲のすべてが二重の意味を持っており、表面的な物事の向こう側からその組織がメッセージを送ってくるといった世界になってしまっているのです。

急に興奮をして滅裂なことを言い始めたりするという、急性発症のグループがありますが、その一方で周囲が気づかないうちに徐々に自発的に物事が出来なくなって、ぼうっとして家から出なくなってしまう解体型と呼ばれるタイプもあります。急性発症の前には、何かすごく苦しく、不眠が続き、何かとてつもないことが起きる前兆ではないかと感じられ、焦りまくる状態がしばらく続くようです。この苦しい状態が一挙に開けた時には、すでに分裂病の世界に飛び込んでいるのです。

最近になってこの急性発症の前の段階を、初期分裂病として取り上げるようになってきました。頭の中が妙に騒がしく、自分が考えようとしているのではないのに、独りでに考えが浮かんできてしまう（自生観念）、まわりがざわざわしていると自分のことを言われているように感じる（関係念慮）、急に耳が鋭くなったような気がする（気付き亢進）などの症状が、分裂病の始まりかけのときにしばしば認められます。この時点ではまだ引き返すことは可能ですが、急性発症までいってしまうと、大半の場合には長期間の治療が必要となってきます。

分裂病は青年期に始まることが多い病態です。不登校の青年の中に実は分裂病や、初期分裂病のものがいることがあります。本格的な急性発症を迎えてしまえば、一般的には長期間の治療を要し、さらに病勢が進

行すれば深刻な社会性の障害という後遺症を残す一生の病気になる可能性があるので、とくに中学生、高校生の生徒の指導に携わるものは、つねにこの病気の可能性を念頭におくことが必要です。

(2) うつ病の主な症状

　うつ病の主な症状は憂うつと活動の低下（抑制、制止）です。「ものごとに興味がわかない」「寂しい」「泣いてばかりいる」「他の人に迷惑をかけてばかりいる」などの訴えがあり、「消えてしまいたい」「死にたい」とまで訴えます。さらに大多数のケースでは、不眠、食欲の低下、性欲の低下、頭痛や便秘などの身体症状を伴います。この気分の不良な状態については日内変動があります。うつ病で起きる不眠は、早朝に目が覚めてしまう（早朝覚醒）というものです。暗いうちに目が覚めてしまうが、布団から起き出す元気が出てきません。そして朝の状態がもっとも抑うつが強く、うつうつと過ごし、昼過ぎから少しこの状態が改善され、寝る前がもっとも軽くなりますが、翌朝にはまた元に戻るといった状態です。子どもの場合にはこのような明確な抑うつの自覚がなく、イライラした気分を示すこともあります。子どもらしい、あるいは青年らしい好奇心や意欲がまったく見られず、イライラしたり、すぐに泣いたりという状態の時にはうつ病ではないかと疑ってみる必要があります。

　この抑うつがまさにひっくり返った状態が躁病です。気分は爽快で多弁になり、自信に満ち、つぎからつぎへと考えが湧いてきます（観念奔逸）。疲れを感じずに不眠不休で動きまわり、性欲も亢進します。さらに怒りっぽくなることもふつうです。ちょうどお酒に酔って気分が爽快なときが躁状態、翌朝になって二日酔いで何もかもがブルーになったときの感じがうつ状態と考えれば実感ができるのではないかと思います。

　うつ病は抑うつだけが生じるもの（単極性）と、うつと躁とが交代で生じるもの（両極生）とがあり、さらに一回だけおきる場合と反復して

おきる場合とがあります。これまで子どものうつ病は非常に稀と考えられてきましたが、大人と同じ診断基準で診断ができるうつ病が少なからず見られることがわかってきました。

　さらに、とくに青年期に差しかかった女性に、月経周期に同軌して短期間の周期でめまぐるしく躁とうつを繰り返し生じる思春期周期性精神病と呼ばれる病態があります。この病気では躁病期に分裂病に似た幻覚や妄想を訴える場合があります。

2．生徒の分裂病やうつ病に気づくのに必要なこと

　急性期の錯乱状態に陥ってしまえば、だれが見ても普通の状態ではなくなったとわかります。しかし問題は、この一線を越える以前に気づくことです。

　私たちは心情的に、心の問題を脳の病気と考えるよりも、心理的な要因で起きたものではないかと考えるのが常です。急に被害的な言動を呈するようになったり、ぼうっとしてしまったりということに周囲が気づいていても、友人関係で悩んでいるのではないか、失恋をしたためではないか、ご両親が口うるさいから悩んでしまったのではないかなど、反応性のものとして捉えがちです。しかし心の病気に限らず、病気は重いものから順番に可能性を考えていくというのが正しい態度なのです。なぜなら、重い病気のほうが見逃したときの結果は重大であるからです。心の病気に関しても、まず外因性の器質的な問題（脳の直接のダメージによる病気）ではないかと疑い、つぎに精神病（分裂病とうつ病）ではないかと疑い、この二者が否定されたあと初めて、周囲の状況で生じたのではないかと考えてみるということが決まりとなっています。したがって被害的な言動が急に見られた青年の場合を例としてあげれば、まずはシンナー中毒など外因性の問題を疑い、ついで分裂病の可能性を考え、しかる後に先に挙げたような心理的な問題を考慮するというのが、正し

い道筋です。分裂病は非常に複合的な問題が折り重なって生じることが明らかとなっていますが、その罹病率は、文明の地や未開の地などの地域差、さらに戦時下や平和な時代などの差がほとんど見られないということも知っておくとよいでしょう。

　先に述べましたが、急に人柄が変わってしまったように感じられる不登校の症例などは、分裂病の可能性をつねに考えておく必要があります。とくに初期分裂病段階の生徒は、こちらから「最近、頭が騒がしくないか」「クラスの中でまわりがざわざわしていると、自分のことをどうも言っているように感じられてならないことはないか」「独りでに考えが浮かんできて困ることはないか」など尋ねてみて、初めてそのような症状をもっていることが明らかとなります。

　私は、外来で不登校の訴えで受診しましたが、診察の結果分裂病の始まりまぎわと思われる青年に何度も出会ってきました。とても危ういところにいるので、継続的な治療を受けるように説得しても、本人も家族も納得せず、そのまま通院が途絶えてしまった場合があります。すると１年後、つぎに外来に現れたときには、すでに急性期分裂病のまっただ中になっていた、という経験もあります。

　シンナーや覚醒剤などの薬物を長期にわたって使用した経験がある生徒の場合に、薬物性の精神病を呈してきて幻覚や妄想を訴えることが少なからずあります。このような場合、分裂病の幻覚や妄想とどこが違うのかというと、薬物性の精神病の場合は、先に触れたまわりの世界がすべて二重の意味を持つようになることがありません。

　うつ病に関しても同様で、その可能性を念頭においてみて初めて気づくことができます。筆者が経験したもっとも若年のうつ病は６歳の男児です。この時点ですでに、「生きていて今まで何も良いことはなかった」「いつも辛いことしかなかった」と述べていました。彼は学習の遅れを主訴にして受診したのですが、治療を行ってみると抗うつ薬が著しく効き、成績が上がってきて、うつ病に基づく学習の障害であることがのち

にわかりました。このようにうつ病の場合には、うつ病に合併した問題のほうが前面に出ていることがしばしばあります。

　またうつ病の場合、突発的な自殺未遂が起きることがよくあります。とくに治療が始まって少し元気になったときが一番危ないことが知られています。

3．教師に出来る生徒への援助

　この二つの病気はともに治療の中心は薬物療法となります。しかし、長期にわたる治療が必要なために、学校生活の持ち方や勉強の仕方などにさまざまな注意が必要となります。

(1) 分裂病の生徒への援助
　分裂病の治療は、心と体の差がありますが、ちょうど糖尿病の治療によく似ています。つまり服薬を続けながら、無理を極力さけることが必要になります。不眠や不規則な生活は非常に悪い影響を与え、また激しく焦ることは一挙に病状を悪化させます。また病気から抜けていない状態において、本人が強い焦りを示すのがふつうです。本人の状態がよくなるにつれて、ゆとりが見えるようになってきます。しばしば生じることですが、「甘えを捨てるため、高校をやめて都会に出て自分のもう一つの可能性を試したい」など、本人が一念奮発などしたときには、だいたいそれに続いて病気がひどく悪化してしまうので、「焦ることはよくない」ときっぱり止めることが必要となります。もう一つの大問題が恋愛です。中高校生に恋愛を禁じるのは実際上は大変に難しいことですが、分裂病にとって恋愛は、糖尿病のアンコロ餅のようなものです。激しく心を疲労させるタイプの恋愛は、ふつう分裂病を悪化させるので、治療上は極力避けてもらう必要があります。

　分裂病の治療に用いる抗精神病薬は、言ってみれば頭の空回りを防ぐ

表 3-3-1　代表的な分裂病とうつ病の治療薬

薬品名	局方名(正式な薬名)	種類	特徴
コントミン、ウィンタミン	クロールプロマジン	分裂病治療薬	古典的な抗精神病薬、現在も使われている
ヒルナミン、レボトミン	レボメプロマジン	分裂病治療薬	非常に強力な精神安定作用を持つ
フルメジン	フルフェナジン	分裂病治療薬	強い抗幻覚作用
ニューレプチル	ペルフェナジン	分裂病治療薬	強力な精神安定作用を持つ
メレリル	チオリダジン	分裂病治療薬	比較的穏やかな作用の抗精神病薬
セレネース、ハロステン	ハロペリドール	分裂病治療薬	強力な抗精神病薬、強い抗幻覚・妄想作用
リスパダール	リスペリドン	分裂病治療薬	抗精神病薬作用だけでなく、賦活作用もある
ドグマチール、アビリット	スルピリド	分裂病治療薬、抗うつ薬	抗うつ薬、抗精神病作用もあり初期分裂病に用いる
トフラニール	イミプラミン	抗うつ薬	古典的な抗うつ薬、夜尿に用いられることもある
アナフラニール	クロミプラミン	抗うつ薬	強力な抗うつ薬、抗強迫作用もある
トリプタノール	アミトリプチリン	抗うつ薬	睡眠作用を持つ抗うつ薬
レスリン、デジレル	トラゾドン	抗うつ薬	強力な抗うつ薬
ルボックス、デプロメール	フルボキサミン	抗うつ薬	副作用の少ない新しい抗うつ薬、抗強迫作用もある
リーマス	炭酸リチウム	感情調整剤(躁うつ病治療薬)	抗躁薬、有効な濃度の幅が狭く血液検査が必要
テグレトール、テレスミン	カルバマゼピン	感情調整剤(躁うつ病治療薬)	元々は抗てんかん薬、強力な感情調整剤

(筆者作成)

薬です。したがって、どうしても普通の頭の回転も押さえるところがあり、またこの薬は飲み心地があまりよくないため、よけいに薬なしでできないかと本人も、周囲も考えがちになります。しかし医師との相談なしに服薬をやめてしまうと、1～2週間はよいとしても徐々にまた病気が戻ってきて、最終的には再び病気の世界にとらわれてしまう結果となります。学校でのようすの急激な変化に際しては、ご両親に伝え、また主治医に連絡をする必要があります。

(2) うつ病生徒への援助

　うつ病も躁うつ病も薬が非常によく効く病気です。したがってまずは薬物治療を行い、回復を待つのが原則です。したがって援助としては、この状態の回復を待つことを、本人及び周囲に納得させることにあります。うつ病はバッテリー電池が空になったような状態で、抗うつ薬の服用は、枯渇した脳内の特定の神経伝達物質のまさに充電によく似ています。ところが少し元気になると、しばしばうつ病の生徒はすぐに元の生活に戻って頑張りたいと主張します。また周囲のものも、旅行に行って気分を変えれば元気になる、好きな人ができれば元に戻る、スポーツで汗を流せば回復するなどと考えがちです。これらのことはすべてエネルギーを非常に使うことですから、充電中のバッテリーを使ってしまうのと同じことになり、うつ病の悪化や慣性化をもたらします。極力無理を避けて、できれば最低限のことだけにとどめて、充電状態が回復するのをゆっくり待つというのがうつ病治療の原則です。

　躁うつ病の場合には、感情調整剤と呼ばれる躁病にもうつ病にも有効な薬物が用いられます。この薬を用いて感情の上下の安定がはかられますと、本人はどうも元気がなくなった、元気が押さえられすぎていると感じることが多いようです。確かに、軽い躁状態が本人にとってはもっとも爽快な状態であることは間違いありません。しかし軽躁状態でとどめることは大変に難しく、気分が揚がってしまうと、必ずや今度は落ち込みが生じてしまいます。本人にとって少し不満が残る、やや元気がないぐらいのところが一番安定したよい状態なのです。「人間そんなに元気なばかりではやっていられないよ」と穏やかに諭していくことがとても大切な援助の原則です。

　代表的な薬物とその解説は表に示しました。（表3-3-1）

（杉山登志郎）

第4節―a 通常学級に通う軽度発達障害の子ども
―――発達障害とは何か―――

1. 定義

　発達障害（developmental disabilities）という言葉は、ジョン・F・ケネディ大統領によって広まり、1970年にアメリカ合衆国で成立した「発達障害サービス及び施設整備法」に負うところが多いと思われます。そこには、精神遅滞、脳性マヒ、自閉症、特異的発達障害、視聴覚障害が含まれています。

　医学的には、アメリカ精神医学会の『精神障害の診断・統計マニュアル』の第3版（ＤＳＭ*－Ⅳ、1980年）で初めて「発達障害」という言葉が取り上げられています。知的障害として精神遅滞を、発達障害として広汎性発達障害と特異的発達障害が取り上げられました。多動を伴う注意欠陥障害（ＡＤＨＤ）は行動障害としてまとめられています。その改訂版（ＤＳＭ－Ⅳ－Ｒ、1987年）では、精神遅滞、特異的発達障害、及び自閉症症候群である広汎性発達障害を主な発達障害として含めています。

　基本的な病像は、認知・言語・運動または社会的技能の獲得に大きな障害があるものとし、それらの全般的な遅れ（精神遅滞）、特定領域のスキル獲得についての遅れや失敗（特異的発達障害）、広汎な領域における発達の質的ゆがみ（広汎性発達障害）を特徴としています。その経過としては、慢性的で、障害のいくつかの兆候が軽快したり悪化したりせず、固定した形で成人期まで持続しやすいが、多くの軽症例では適応や完全な回復が見られることもあるとしています。

　このように発達障害の定義及びそこに含まれる障害の種別については

いまだ確立されていません。ここでは、それぞれの障害間に特徴の違いはありますが、対応や処遇上の共通点の多い障害として、知的障害（精神遅滞）、広汎性発達障害、学習障害（特異的発達障害）、注意欠陥多動性障害（ＡＤＨＤ）を取り上げたいと思います。

2．生徒への現れ方

　生徒のさまざまな問題行動のベースに発達障害を持つ場合が少なくありません。授業についていけず、自分の好きな絵や字をずっと書いていたり、教室の後ろで遊んでいたり（知的障害）とか、すぐにかっとなったり、宿題をしょっちゅう忘れたり、落とし物が多かったり、歩き回っていたり（ＡＤＨＤ）します。また劣等感が強く、友達がいない子どもが他児に相手をしてもらうため、家から金銭の持ち出しをしたり、万引きをしたりすることもあります。こうした形では一時的には相手をしてもらえても続かず、さらに問題行動を繰り返します。いくら叱っても行動が変化せず、親子関係や先生との関係がこじれきっていることもあります。かん黙や不登校になる子どももいます。知的には低くない場合でも、時計が読めなかったり、計算が苦手で、何度教えてもすぐ忘れてしまったりします（学習障害）。またまわりの状況や人の気持ちが理解できにくく、友達と上手につきあえず相手にしてもらえなかったりすることもあります（自閉症）。人前でうまく喋れなかったり、反抗できないためにいじめにあったり、学校で居場所がなく、孤立したりしてしまう子どももいます。自分の気持ちが伝えられなくて、気にいらないことがあるとすぐ泣いたり、自分を噛んだり、物をなげたりとパニックを起こす場合もあります。

　このように障害本来の症状だけではなく、二次的な情緒障害を呈する場合もあります。なかにはいじめをきっかけに、幻聴や被害妄想が生じ、精神分裂病様状態になったり、うつ状態になる子どももいます。最近問

題になっている学級崩壊も、先導者がたとえばADHD児で、その子どもに引きずられて何人かが騒ぐという場合もあります。

　また、虐待を受けている子どもがうっぷん晴らしをその騒ぎに便乗して行っている場合もあります。発達障害を持つ子どもが、親の思うように理解したり行動できないために虐待され、落ち着きのなさとして現れる場合もあります。学校ではむしろ過剰に適応して「良い子」でありすぎ、家で荒れている子どももいます。

3．何が一番必要なことか

　子どもがさまざまな「問題」行動を示すとき、その背景に発達障害があるのではないかと考えてみることが大切です。「問題」と言う意味は「なんらかの援助が必要とする状態」と言い換えることができると思います。第2章から第4章のあらゆる問題を含め、子どもの問題行動を見たときは、まずその子どもが発達障害という生まれながらのハンディを持っているかどうかを考えることで、不幸な関わり方をすることを防ぐ第一歩となるでしょう。発達障害のことを知らないばかりに、その子どもに無理な対応をしてきたり、親に対しても育て方が悪いと責めてしまいがちです。発達障害の有無とそれぞれの種別の特徴と関わり方は、各項目を参照してください。それらは肢体不自由児などと違って目に見えないため誤解されがちです。また、虐待のリスクが大きくなりやすいことも知っておくべきでしょう。虐待は意識して見ていかないと見つからないからです。

　また、発達障害の子どもにも、あらゆる精神障害（分裂病やうつ病、摂食障害など）が合併することも知っておくとよいでしょう。薬物療法が効果のあることも多く、むやみに薬物に拒否反応を持たないことも必要です。

4. 教師がしたほうが良いこと、しないほうが良いこと

　普通学級の援助体制には限界があり、教師は時として、子どもも担任も頑張ってきたが、今の状態では学習面や交友関係、情緒面で「援助」が必要であることを保護者に伝えなくてはなりません。しかし、どのように保護者に伝えるかがまず悩みとなるでしょう。

(1) 保護者の理解が得られる場合
　最近では早期発見・早期療育システムが進み、また就学相談を通して、子どもの障害に気づいている保護者は多いと思われます。保護者自らが「援助」が必要と気づけば、教師と保護者が話し合うことができます。その話し合いで子どもの状態を確認し、どのような援助が必要かを考えていくことができます。通常学級でできることの限界を話し合いましょう。教師がいくら頑張ってもできないことはありますが、それは教師の責任ではありません。場合によっては転級や転校が必要なことを話し合うこともあるでしょう。

　たとえば知的障害児学級、情緒障害児学級、交流学級などがあり、必要な援助を受けるために、どこで、どのような選択をすることが適切か教育相談を受けることを勧めることもあるでしょう。その場合、排除と受け取られないよう、誠意を込め細心の配慮をして話し合いに望みたいものです。

(2) 保護者の理解が得られない場合
　たとえばつぎのようなケースが考えられます。
・自分なりの考えを持つ保護者の場合（障害はわかったうえでの）で、学習はついていけなくてもよい（家で教えると言う人もいる）から、とにかく通常学級のなかでいっしょに過ごさせたいと考えている場

合。
・障害を否定し、保護者が困らない限り（たとえば不登校や、おとなしく劣等感はあるが他の生徒の迷惑にならない）、子どもの無理な状態を見て見ぬ振りをする場合。
・特別な配慮（たとえば先生が1対1で付いたり、障害児学級に入れるなど）は差別であると考えている場合。
・保護者自身が知的に低いまたは放任などで話し合いができない場合。

　保護者の理解が得られない場合には、保護者の考えを拒否や否定してしまうことは避けなくてはなりません。教師は親切心からでも最終的には保護者の考えや行動を尊重し、それ以上踏み込むべきではありませんし、もちろん保護者の悪口を子どもに言うのは論外です。子どもにとってはどんな親でも大切な親です。子どもの生命の安全が確保されているなら、まわりの多くの人たちとともに子どもにプラスになる働きかけを続けてください。気をつけてほしいことは、親切すぎて保護者の代わりに動いて、保護者の育ちをそいでしまわないことです。あせらず保護者が動くまで待ってください。

　保護者の理解が得られない場合、学校でのようすなどを見てもらったり、何度も話し合いながら、子どもの状態とどんな援助が必要かを知ってもらう努力を続けてください。誠意と努力が通じて、保護者がアドバイスを受けたいということになり、医療機関への受診に結びつけることができれば、個別指導や集団療法での本人のようすを見てもらいながら話し合いを続けることもできます。ときには保護者の許可をもらって、子どものようすを担当者に聞くのもよいでしょう。

　話し合いを拒否された場合でも、子ども自身や教師の誘いで、すでに障害児学級や保健室に出入りして、自分の居場所を見つけていることもあります。生きいきと楽しそうな状況を伝えながら、保護者のレベルに合わせて理解を求めていくとよいでしょう。

　保護者の一方とだけ話す場合、夫婦で意見が違ったり、祖父母の圧力

が強い場合もあり、よく話を聞き、家族の状況や辛さを理解することが大切です。

放任の場合は、「虐待を疑うが確信がない」(第4章1節)を参照してください。

5. まとめ

学校での取り組みに限界がある場合、学校以外に活躍の場や居場所を作り、そこでの人間関係を支えとして、自信や心の安定を図る場合もあります。保護者の理解があると、本人自身の障害受容に取り組むことも可能になってきます。兄弟姉妹の心のケアも忘れてはならないと思います。

障害児や保護者一人ひとりへの取り組みと同時に大切なのは、学校全体での差別や偏見への取り組みです。障害児学級が開けた場所になり、先生や生徒が逆交流していけるような取り組みも大切です。障害児の保護者や兄弟姉妹に教室で話をしてもらう機会を作ることもよいでしょう。地域のなかでも、子ども会やその他さまざまな機会を用いて、障害児と接したり、研修を行い、理解を深めることが大切です。

(大澤多美子)

第4節—b 通常学級に通う軽度知的障害の子ども

1. 知っておきたい基本的な知識

　医学的に精神遅滞あるいは知的障害とは、標準化された知能検査にて知能指数（ＩＱ）が70未満の場合をいいます。しかし、文部科学省の定める知的障害教育の適応はＩＱが75未満となっており、医学的な診断と教育上の判断にズレが存在しています。したがって、診断書には精神遅滞と書いてなくても、障害児教育の適応になるという児童が存在します。まず、この点に留意していただきたいと思います。

　またＩＱを一つの目安とすると、50未満の場合には、知的障害養護学校での教育の適応になります。さらには、現在のカリキュラムに沿って教育を行うには、ＩＱが80前後だと、通常学級のみではかなりきつい場合が多いという事実も認識する必要があります。このような子はいわゆる遅進児と呼ばれています。とくにＩＱのうちでも視覚認知に関わる知能は比較的良好だが、言語に関わる知能が低く、全体として80前後を示しているといった児童では、学業不振は早い段階で現れてきます。

2. 児童・生徒の現れ

　通常学級に在籍している知的障害児には、2タイプあります。一つは、すでに入学時からあるいは就学後に知的障害と判明していて、障害児教育を保護者に勧めているにもかかわらず、同意が得られていない場合です。
　もう一つは、就学時健診では知的障害を見抜くことができず、入学し

てきた場合です。このような児童には、いくつかタイプがあります。

　まず、多動や自分勝手な行動をとるといった問題がほとんどないタイプです。従順で教師の顔を一生懸命に見つめ、授業をまじめに受けているといった印象を受けます。そして、「わかったかなぁ」という声かけにはつぶらな瞳をして一生懸命に頷いてくれますので、教師側はついつい、「わかったはずだ」と自分で思い込んでしまうことがあります。

　また、かん黙傾向を持つ子も見過ごされやすいタイプといえます。行動上の問題がほとんどないうえに、授業中に質問しても答えが返ってこないと、その理由を「人見知りが強い子だから、答えられないのだろう。こういった児童には無理強いしないほうがいい」と教師が自分で解釈を作り上げて納得するということがあります。

　逆に社交的で明るく、いわゆる調子のいいタイプの児童もいます。ちょっとした日常的な問いかけに対する反応は素早いですし、授業中の質問もイエスかノーで答えさせるものばかりだと50％の確率で当たるために、知的障害を見抜けないことがあります。

　このような児童では、確認テストを行うと「以外だ」と感じるほど理解できていないことが判明します。この段階になると、もはやこの子の知的能力に問題があることを疑う教師はいないでしょう。

　学業不振といった現れ以外では、大きく二つの現れがあります。一つは授業中に騒いだり、まったく関係のないことを始めたり、離席や教室から出て行くといった行動や他児とのトラブルです。他児とのトラブルには、「ちょっかいを出す」「決まりを守らないために攻撃の的になりやすい」「からかわれると大泣きをする、あるいは逆に攻撃的になる」などがあります。

　もう一つは、いわゆる心身症としての現れです。心身症については「小児心身症」（第3章1節）を参照して下さい。たとえば、朝起きるのが遅い、登校前になると頭が痛い、お腹が痛いと訴えたり、なんとなく学校へ行きたがらないという状態が出現してきます。微熱や睡眠障害、

下痢や便秘という明らかな身体症状も認められるようになります。そして不登校となってしまうことも少なくありません。心身症を発症したり、不登校になっている児童・生徒の中に、軽度の知的障害児や学習障害児などの発達障害児が多く存在していることは、憂慮すべき事実です。

　知的障害児に現れる行動上の問題や心身症も、基本的には勉強ができず授業についていけない、興味が持てないといったことや、教室では着席していることばかりを要求され、学校が楽しくない、行くのがいやだという子どもの叫び声が根本にあると思われます。

3．教師がなすべきこと

　子どもが出している現れに気づくことが第一に必要なことでしょう。実は見逃してしまう教師は少なくないのです。

　知的障害児というと重度の知的障害児しか見聞きしたことがない、あるいは言葉が出ないとか身辺の自立もできていないといったイメージしか持っていない方がいます。こういった教師にとっては、話ができ、身辺も自立し、時にはひょうきんな仕草をしてみんなを笑わせる児童の中に、知的障害児が存在するということ自体が思いもよらぬことであり、勉強ができないのは本人と家庭の努力不足だという見方しかできない場合があります。知的障害児にもさまざまなタイプがあること、また障害の程度もいろいろであることを知ることが大切です。

　子どもの現れの原因が「知的な遅れかもしれない」と気づいたら、保護者にその旨を伝えることが必要になります。この伝え方は非常にデリケートな問題です。ほとんどの保護者は、わが子の知的能力が決してよいほうではないことをうすうす感じていますから、そこへ担任教師から指摘を受けると、即座に障害児学級へ行けといわれるのではないかと身構えてしまいます。

　ここで必要になってくるのが、学校側が聞く態度を持つということで

す。あるいは謙虚に保護者といっしょになって子どもの教育にあたろうとする姿勢です。保護者が本当に自分の子どもの状態を理解しているのか、そして学校教育に何を求めているのかといったことを、十分時間をかけて聞き取るなかにおいて、選択していけるように促すことが大切です。

　保護者が子どもの状態をよく理解し、将来的な見通しを立てて、そのうえで通常学級での教育を希望している場合があります。この場合には、あまり子どもの側の負担になっていなければ、保護者は学校を仲間づくりの場と割り切っていることが多いので、学習面よりも社会性を育てる教育サービスを充実させることが優先されるべきでしょう。

　逆に保護者が子どもの状態をうすうす知りながら、明らかになるのを恐れている場合は、現実からの逃避ですので、将来的な見通しをもっていません。保護者は何とかみんなと同じようにと願い、家庭で叱りつけながら宿題をやらせていることが多いのです。このような場合には、行動上の問題も大きく、また心身症を発症していることも多いので、医療機関の受診や教育センターなどの教育相談を受けさせることが必要になってきます。根気よく説得を続けてください。学校でも家庭でも子どもが居場所をなくすようなことだけは、絶対に避けなければなりません。学籍は通常学級のままで、年度の途中からでも障害児学級での個別的な教育を取り入れると、子どもが見違えるように生きいきとしてきます。その姿を見ると、保護者もわが子に必要な教育とは何かを少しずつ理解してくれるようになります。

　また、各学校でも知的能力を調べてはいますが、これは集団で行われますので、集中力の続かない子の場合には、意外なほど低く出ることがあります。できれば保護者の了解を取って分析的な解釈のできる＜ＷＩＳＣ－Ⅲ＞などの知能検査を個別で行うことをお勧めします。

4. 教師がしないほうがよいこと

　教師がしてはいけないことの第一は、統合教育という名のもとに、子どもを教室の置物にすることです。前述した従順でおとなしいタイプの知的障害児は、授業のじゃまをしません。そして保護者から障害児教育を積極的に望む声が出ない限り、波風は立ちません。しかし、想像して下さい。義務教育が終了して行き場のない子どもの姿を。

　また、熱心な努力型の教師に多いのですが、努力さえすれば何とかなると子どものお尻を叩いてしまうことがあります。その結果、過剰な努力を子どもと家庭に強いることになります。こういった思い込みは、むしろ教師の努力が逆効果になります。子どもの表情が暗くなってきたとか、心身症の現われが出てきたら、明らかに子どもを追い込んでいるのだと認識してください。

　逆に自分の指導力不足がまねいている状況では、と一人で悩んでしまう教師もいます。校長、教頭、教務主任、養護教諭などと相談することをためらわないでください。医者も難しい患者さんを受け持った場合は、他の医者に教えを請います。難しい症例を持ち寄ってお互いに相談し合う会も開かれています。こうした自己研鑽する努力を怠っていません。自分一人で悩んでしまう教師は指導力不足なのではなくて、サポートシステムの不足なのです。一人で悩んでいる期間が長いほど、問題はこじれてしまいます。ためらわず行動を起こしましょう。

（小枝達也）

第4節―c 通常学級に通う高機能広汎性発達障害（自閉症スペクトラム）の子ども

1. 広汎性発達障害について

　広汎性発達障害とは、自閉症とそのファミリーの総称です。広汎性発達障害は自閉症スペクトラム障害とも言われ、自閉症に対する考え方の変化に伴って用いられることが多くなってきています（Wing,1998）。一般に自閉症については正しくイメージされることが少なく、「一人の世界にこもって暗い人」といった間違ったイメージがいまだにあるようです。何年も教師をしている方でも自閉症を正しく理解していない人が非常に多いことを体験します。

　1943年にレオ・カナーが自閉症を初めて報告して以来しばらくは、不幸なことにも自閉症は親の育て方が悪いという心因論から説明され、そうした誤った観点からの治療が多くの親の心を傷つけました。その後、1970年代以降、自閉症は脳の機能障害によるもので、発達障害であることが明らかになりました。自閉症は認知言語障害と考えられ、障害に対する治療教育が大きな効果をあげ、成人になった時の適応状況も飛躍的に改善しました。

　しかし、1990年代以降2度目の大きな展開点があり、認知言語の障害が軽微な高機能（知的に正常な）自閉症も障害が軽くはなく、就労が困難であること、ドナ・ウィリアムズやテンプル・グランディンなどの自閉症者自身による手記などから、彼らが私たちとかなり異なった特異な内的世界を持っていることが明らかになり、認知言語の障害からだけでは説明のできない自閉性、つまり社会性の障害が中核障害であることが

明らかになってきました。

　社会性の障害を中核に考えると、（自閉症と同様の）対人関係やコミュニケーションの質的障害がある場合が想定でき、今まで考えられていたよりも多くの子どもたちに対する援助が必要だと考えられるようになってきました。さらに、できる限り早期からの治療的働きかけによって自閉症症状を軽くすることができる可能性も報告されています。社会性の障害についての最近の考え方の一つは、他者の心（意図や感情）の読めなさをその中核とするものです。コミュニケーションが困難、型どおりの理解の仕方（想像力の障害）、自閉的ファンタジーなどが特徴的な症状です。通常学級で出会うことが多い、知的には高く言葉の遅れがないグループをアスペルガー症候群といいます。現在は高機能自閉症とほぼ同じものとして扱ってよいと考える研究者が主流です。診断学的に分けるとすれば、自閉症と同様の社会性の問題はあるが、幼児期の言語・認知発達に問題のなかった者がアスペルガー症候群です。

　従来、自閉症は1,000人に数人の発症だとされてきましたが、ほぼ同じくらいの知的能力の高い広汎性発達障害の人たちがいることがわかってきています。全体として広汎性発達障害はほぼ100人に1人の割合で存在すると考えられるようになってきました。つまり、学校の規模にもよりますが、中規模校で1学年に1人程度は在籍していてもおかしくない数字です。最新のデータを見ると、そのなかで高機能児の割合が40〜50％と報告されています。

2. 通常学級における広汎性発達障害

　自閉症の診断基準は幼児期の兆候をまとめたものなので、知的能力の高い（高機能の）場合、加齢とともに改善し、診断基準を満たさなくなります。しかし、自閉的な特徴はいくらか残っていきます。知的障害を合併している場合、自閉症症状自体は明確に残ります。彼らに対しては、

障害児教育のなかで、混乱しないような構造化された環境のなかで、一つひとつのスキルを獲得していきながら、他方で彼らの心が安定していられるように配慮していくことが重要です。

　知的能力が正常な高機能広汎性発達障害では、就学後に問題が明らかになる場合も少なくなく、知的には十分な理解力があるのに教室に座っていられない、自分勝手なことをしている（自分の世界で遊んでいる）、ささいな変化にパニックを起こしたり、先生の注意で混乱してパニックを起こしたり、自分の好きなことしかしない（こだわり）、対人関係の持てなさなどから、「宇宙人」のようだと担任教師から言われることもあります。残念ながら教育相談でも、やはり家庭での躾の問題と考えられたり、愛情不足と言われたりすることもあるようですが、基本的に発達障害であり、生まれながらの他者との関係性の作れなさが問題になります。子どもの障害を理解したうえで対応し、育てていくことで、10歳前後から問題が改善していくことが期待できますが、思春期以降にはさらに自己意識の問題やアイデンティティの混乱を示す者も少なくなく、生涯にわたる援助システムのなかで考えることが必要です。

3．広汎性発達障害への教室での対応

　対応に際しては、まず専門医に相談し、診断を受けることが必要です。幼児期に自閉症の診断を受けていたのが改善して、就学して問題を起こしだした場合、俗に「自閉症は治ったのに」などと言われることもありますが、自閉症の社会性の障害は「治る」というようなものではなく、生涯にわたって形を変えて続いていくものだと認識しておくことが重要です。問題が自閉性の問題かどうかを見極めるのが第一です。専門家のなかで非言語性学習障害という診断名をつける立場がありますが、そのほとんどすべては高機能広汎性発達障害です。

　高機能広汎性発達障害では、対人関係や集団での行動を苦手とするの

で通級学級での指導を利用し1対1の関係の時間を持つことも有効です。また、知能が軽度精神遅滞に近い境界域の場合には養護クラスに籍を置き、交流教育をより多くしていくことも考えられます。ただし、通常教育は関係なく特殊教育のみで問題を考えればよいと言っているわけではないことをよく理解しておいて欲しいのです。というのも、現在の社会福祉制度のなかでは、自閉症そのものを対象にした障害者福祉制度は存在しません。高機能広汎性発達障害でも、とくに認知発達（知能）が正常の場合、健常者と同じように大学まで進学します。うまく育てば、健常者の枠内で（健常者として）一流企業に就職もします。なかには専門職、たとえば大学の教員や医師になっている場合もあります。もっとも、こうしたものを「障害」として扱うべきかどうかという問題はあるでしょう。「個性」という用語のほうが実態に合致するものと思われます。

　基本的な対人関係や集団適応に関しては、集団のなかに「居られる」ことが重要です。集団への適応は、初めに皆と同じようにという期待は持たないほうがよいことが多く、まずは居られること、つぎに座れること、そのつぎにノートがとれることなど、段階的に目標を定めながら、まずは形式的に同じことができるようにしていくことです。問題の生起する過程を分節化し、本人の側は後回しにしてまず周囲の環境条件側に介入して調整をします。自分の世界（自閉的ファンタジー）で遊ぶことそれ自体は仕方ないとして、授業中や現実の課題に取り組むべきときは切り替えて取り組めるような、現実とファンタジーの切り替えを明確にしておきます。子どもによっては、視覚的な課題提示を積極的に用いて自己コントロールが容易になる場合もあります。授業中に本人が可能な課題をうまくこなせると、本人の授業への参加への切り換えが容易になります。子どもたちの半数以上は不器用さや学業上の問題点があります。学業では、他者の意図を読み取ることが苦手なので、国語や社会、あるいはさまざまな教科の応用問題の設問文の読解がうまくいきません。計算や漢字学習などの機械的記憶を中心とした、できる内容を優先して取

り組ませ、通級指導などが可能なら、そこで読解あるいは概念化を中心とした指導の補充をするのがよいでしょう。

　教師がわかりにくいと思ったら、専門機関を利用するほうが有益です。高機能広汎性発達障害については、少ないですがいくつか専門的な教師向けのセミナーなどがあるので利用するのがよいでしょう。問題行動がひどく、パニックになって行動化してしまう場合には、薬物療法も含めた治療的援助が有効です。また、自己像が混乱している場合には自己コントロールと並行しての精神療法が有効です。

（辻井正次）

【参考文献】
・斎藤久子監修、石川道子・杉山登志郎・辻井正次編：学習障害．ブレーン出版，2000．
・杉山登志郎・辻井正次：高機能広汎性発達障害－アスペルガー症候群と高機能自閉症．ブレーン出版，1999．
・Wing, L.（久保紘章・佐々木正美・清水康夫監訳）：自閉症スペクトル－親と専門家のためのガイドブック．東京書籍，1998．

第4節—d 通常学級に通う学習障害の子ども

1. 学習障害とは

　学習障害（Learning Disabilities ＝ＬＤ）の定義に関しては、わが国でも1999年に「学習障害及びこれに類する学習上の困難を有する児童生徒の指導方法に関する調査研究協力者会議（通称、協力者会議）」によって〈表3-4-d1〉のような定義が出されています。協力者会議は、文部科学省によって配置されたものですので、当面、わが国の教育現場では、この定義が用いられていくものと思われます。

　一方、医学領域では、この定義とは多少異なる形で「学習障害」が位置づけられています。医学領域における学習障害（Learning Disorders－英語表現も異なります）は、読み障害（文字が読めない）、算数障害（計算ができない）、書字表出障害（文字が書けない）の三つに限定されています。協力者会議で取り上げられている「聞く、話す」領域の問題は、医学ではコミュニケーション障害として別に取り扱われるのがふつうです。

　この本では、主として医学の立場からの学習障害について述べています。医学の立場からの学習障害は、「読み、書き、計算」の3障害になるわけですから、集団行動がとれないなどの行動上の問題から学習障害とすることはないということになります。したがって、行動の問題で定義される注意欠陥多動障害（ＡＤＨＤ）や自閉症も、学習障害とは区別して扱われることになります。学習障害の頻度に関する報告は、2〜25％とまちまちですが、だいたい小児の数％に存在すると考えられています。男女比に関する報告も2〜10：1と一定していませんが、男児に多

い点は一致しています。

　学習障害児たちが示す認知面の問題の背景となっている神経心理学的問題については、少しずつわかってきています。一方、そうした神経心理学的問題の背景となっている脳の障害については、まだほとんどわかっていません。

2．学習障害にはどのような問題がみられるのか

　学習障害のある子どもたちが、学校や家庭でいろいろな問題を示すことは少なくありません。その概要を表3-4-d2に示しました。ここでも重要なことは、そうした問題すべてを、学習障害自体の症状ととらえないようにすることです。子どもたちが示す症状・問題には、学習障害そのものによる一次性のものと、そうした一次性の症状・問題があることで二次的に生じてくるものとがあります。この両者は区別すべきでしょう。

　学習障害の症状については、おおざっぱに言いますと、言語・認知面の問題は学習障害本来の症状、行動・精神面の問題は二次的に生じている反応性の症状か合併する問題の症状ととらえることができるかと思います。

　たとえば、学習障害児たちに関して報告されてきた行動・精神面の問題をみると、その多くがＡＤＨＤの臨床像と似ていることに気づかされます。ＡＤＨＤが全例、学習障害を持つわけではないことを考え合わせますと、このことは、学習障害児の行動・精神面の問題とされるものの中には、合併するＡＤＨＤによる問題と考えられるものが少なくないことを示唆していることになるわけです。

表 3-4-d1　学習障害の定義

　学習障害とは、基本的には全般的な知的発達に遅れはないが、聞く、話す、読む、書く、計算するまたは推論する能力のうち、特定のものの習得と使用に著しい困難を示すさまざまな状態を指すものである。
　学習障害は、その原因として、中枢神経系に何らかの機能障害があると推定されるが、視覚障害、聴覚障害、知的障害、情緒障害などの障害や、環境的な要因が直接の原因となるものではない。

表 3-4-d2　学習障害児に見られる問題

1. 必ずどれか1つ以上が見られるもの（基本的問題）
   言語・認知面の問題
   1）**言語の処理障害**
      文字言語の処理障害：文字（かな・漢字）が読めない・書けない、など。
   2）**数字の処理障害**
      数量の概念がない、計算ができない、など。
   3）**空間情報の処理障害**
      図形がわからない、物の位置関係がわからない、方位がわからない、など。

2. 見られることが多いが必ずあるわけではないもの（二次的問題が主）
   1）**行動・精神面の問題**
      二次的な反応性のものが主（認知特性の影響がある場合もあり得る）。
      　自尊心低下：何に対しても投げやり、自暴自棄的な言動、自己卑下的な言動。
      　自信喪失：苦手な事柄、難しい事柄に取り組もうとしない。
      　敏感性：自分に対する他人のことばや態度を気にする・被害的に受け止める。
      　対人緊張：他人の前で身体を硬くし緊張して何もしなくなる・できなくなる。
      　頑固：融通がきかない、一度言い出すときかない。
   2）**運動面の問題**
      合併する発達性協応運動障害の症状が多い。
      不器用、バランスが悪い、動作がぎこちない、動作の加減ができない、など。

（筆者作成）

3. 対応の実際

(1) 何を目標にするか

　学習障害のある児童・生徒の経過は、いくつかの要因によって影響を受けます。それらのうち主なものは、①行動・精神面の問題の有無、②全体的な知能レベル、③家族の理解状況、④教師の理解状況の四つです。一般に、情緒・行動面の問題がないか、軽度あるいは改善されていて全体的な知能レベルが通常平均より高く、家族・教師の理解がよいほど、良好な経過をたどることが予想されます。

　これら4要因の中で最も影響力の大きなものは、行動・精神面の問題です。学習障害のある児童・生徒において最終的に問題になってくるのは、決して認知・学習面の問題ではありません。彼らの最終状態像に大きな影響を与えるものは、行動・精神面の問題なのです。いくら漢字を書けるようになったり複雑な計算ができるようになっても、情緒的に不安定だったり不登校や興奮などの問題を抱えていては、社会生活に問題を生じる可能性が高くなってしまいます。

　このことから、学習障害児への対応の最終目標は行動・精神面の問題の改善と予防にあり、なかでも、学習障害児たちの自尊心（self-esteem）に注目することが大切です。自尊心とは、簡単に言ってしまいますと、何をしなくても自分はここにいていい存在であるという思い、自分には価値があるという思い、自分は周囲の人から思われている・受け入れられているという思い、つまり、自分が存在していることの意義に疑問を持たずにいられる思いのことです。

　教師が学習障害児たちで問題にすることが多いのは、生活上の現実的な事柄です。したがって、そうした問題自体の改善を目指した対応が必要とされることは確かですが、そのような個々の問題に対する対応であっても、それは、どこかで学習障害児たちの自尊心の維持につながる配

表3-4-d3　学習障害への対応における学校教師の役割

```
1．すべきこと
  1) 情緒面の安定化
  2) 学習上の問題の改善

2．した方がよいこと
  1) 保護者の心理面へのサポート
  2) 個性を認め合うクラスの雰囲気作り

3．してはいけないこと
  1) 子どもの物理的・精神的負担を増加させる言動
  2) 保護者の情緒面を不安定にさせる言動
```

(筆者作成)

慮が必要なのです。もし、漢字の学習により漢字が書けるようになったとしても、その学習のストレスで本人が不安定になるようであれば、そのような漢字学習は逆効果となります。漢字が書けない子どもにその指導をするのは、漢字が書けることが最終目標ではありません。漢字が書けることで本人の自信が回復し健全な自尊心が高まることを目標としましょう。

(2) 学校教師の役割

　学習障害児に対して、学校で教師が行うべき事柄やしてはいけない事柄を表3-4-d3にまとめてあります。学校の場ですので、表面的には学習面への対応が中心とならざるを得ないと思いますが、前述したように、そうした対応は子どもの情緒面の安定のために行っていることを忘れないようにしましょう。その意味で、表3-4-d4では、教師がすべきことの第一として、まず、子どもの気持ちの安定化をあげてあります。

(3) 学校教師による対応の実際

　表3-4-d4〜表3-4-d6は、教師による対応の実際を示したものです。基

本的には、表3-4-d4の対応を心がけていただければと思います。表3-4-d5の対応は、必ずしもしなければいけないものではありません。余裕があるときに考えられればよいと思います。大切なのは表3-4-d6の内容です。なぜならば、しなければいけないことをしなくても、してはいけないことをしないでいれば、案外子どもはうまく伸びていってくれることが少なくないからです。

　表3-4-d6に示したようなことをつい行ってしまう場合には、子どもやその保護者に対して、教師がいやな感情や敵意を持ってしまっていることが少なくありません。そうした気持ちを「逆転移」感情といいます。

　「逆転移」感情は、子どもの状態が思わしくないときや、改善しないとき、あるいは、子どもがこちらの指示に従わないとき、こちら側がどうしていいかわからなくなっているときに起こりやすくなります。この用語は、もともとは精神療法と関連して使われる用語ですが、治療する側とされる側、指導する側とされる側の人間関係において、どこでも起こり得るものです。この感情は適切に処理されませんと、子どもやその家族と教師との関係を悪化させ、状況は進展しなくなり、子どもの状態の悪化や家族との軋轢を招く結果になりやすくなります。「逆転移」感情を、教師一人で処理することは困難です。経験のある同僚・上司に自分の考え、態度を聴いてもらい助言を受けるのがよいでしょう。「逆転移」感情を持つこと自体は、教師としての力量や度量とは無関係です。率直な態度で、信頼できる人に援助を求めるようにすることがよいでしょう。援助を求めたことでその教師を非難する人がいたとしたら、そのような人からはどちらにしても有意義な助言は得られませんから、そうした人は無視すればよいのです。

（宮本信也）

表 3-4-d4　学校教師のすべきことの実際

1．情緒面の安定化
　1）本人への直接的対応
　　(1) 受容・共感的態度
　　　・まず、子どもの話を聴く姿勢を
　　　・小学校低学年では、子どもの目線に立って
　　　・共感から共感的理解へ
　　　　　共感：「そう、つらかったね」
　　　　　共感的理解：「それで、あなたはこんなふうに感じたのかな？」
　　(2) 自尊心を高める働きかけ
　　　・顔を見かけたら一言、子どもが嬉しくなるようなことばかけを
　　　・何も問題がなかったときこそ褒めることばかけを
　　＜注意・叱責の工夫＞
　　　・注意・叱責は、回数を少なく強く短く
　　　・自己反省を促すのではなく、具体的な代替行動を教示する
　　　　（それなら、あんなふうにしないでこうすればよかったんだよ）
　　　・周囲や自分に実害が生じる行動は叱責
　　　・できないことを叱らない
　　　　（できないことは、叱ることではなく教えてあげなければいけないこと）
　　(3) 自信獲得促進
　　　・得意な領域・できる領域の学習を推進
　　　・できなかった部分ではなく、できたところを評価
　　(4) 自信喪失予防
　　　・不得意領域の学習には限度設定（ここまでできればいい）
　　　・相対評価ではなく絶対評価を
　　(5) 相互信頼感の育成
　　　・時間の共有体験
　　　　同じことを一緒にやる時間を持つ
　2）保護者へも同様の行動の依頼

2．学習上の問題の改善
　1）学習上の問題の検討　　　　　　　　　　　　　（次ページへ続く）

(1) 学力の確認（学習不足が混在している可能性に注意）
　(2) 弱い領域の確認
　(3) 弱い領域での誤り方のパターンの分析
2）**教育方略の検討**
　(1) 強い領域の確認
　(2) 強い領域の特徴分析
　(3) 弱い領域の誤り方パターンを強い領域の特徴でカバーできるか検討
3）**個別教育計画**（indevidual educational plan, IEP）**の作成**
　(1) 二つの目標設定
　　・長期目標－全般目標（general instructive objective, GIO）
　　　（半年〜1年で達成することが望まれる総論的な目標）
　　　　例：小学3年生レベルの漢字力を身につける、分数概念を理解する、など
　　・短期目標－具体的行動目標（specific behavioral objective, SBO）
　　　（数か月単位でできるようになることが望まれる具体的な行動で示すことができる目標）
　　　　例：小学3年生1学期初出漢字20個の書き取りができる、1/2と2/4が同じものであることを複数の異なる問題で解答できる、など
　(2) 無理のない目標設定を
　　・その子どもの能力に見合った実現可能性を考慮
　　・妥当性へ配慮：その学力をつけさせることの社会での必要性
　　・本人・家族の希望への配慮
　(3) 1週間以内に作成できる内容で
　　・最初から厳密に完成されたものを作ろうとしない
　　・一つのGIOと簡単なSBO二つ程度の計画をまず作る
　　以後、指導と併行してIEPの追加・修正を行っていく
　(4) 教育目標達成を評価する方法の検討
4）**教育指導の効果判定**
　(1) 1学期ごとに効果判定（上記、検討された方法で）
　(2) 効果が上がっていないと判断された場合、指導方法・IEPの再検討

（筆者作成）

表 3-4-d5　学校教師がしたほうがよいことの実際

1．保護者の心理面へのサポート
　1）子どもに関する正確な認識形成
　　(1) 子どもの状態の説明
　　　　できていないところではなく、できたところを伝達、説明
　　　　　例：小学4年生で漢字が書けない子どもに関して、「小学2年生の漢字もちゃんと書けない」ではなく、「小学2年生が1学期で習う漢字は90％書けますよ」→基本的には同じことを言っていても、保護者の受けとめ方は大きく違う
　　(2) 検査結果の説明
　　　　検査を何かした場合
　　　　ただし、結果説明の希望を保護者に確認してできなかったところと同時に、できたところの説明を忘れずに
　2）保護者の育児意欲の維持
　　(1) 保護者の訴えの聴き役に
　　　　共感的理解の態度で
　　(2) 子どもに対する陽性感情形成
　　　　a）学習面では、子どもができたところを連絡
　　　　　　学校での問題点よりもよい点を中心に連絡
　　　　b）学習面以外、教師が気付いた子どもの長所を連絡
　　　　　　子どもの性質、行動特性などで好ましいと感じられたものを連絡
　　　　　　子どもがよいことをしたときには必ず連絡

2．個性を認め合うクラスの雰囲気作り
　1）いじめを許さない雰囲気形成
　2）互いに認め合う雰囲気形成
　　・毎日、違う子どもをクラスの中で教師がほめる
　　・クラスの生徒全員を順番に
　3）学習障害児に関する説明
　　・「個性」として説明（本人の同意と保護者の了承の下で）

(筆者作成)

表3-4-d6　学校教師がしてはいけないことの実際

1．子どもの物理的・精神的負担を増加させる言動
　1）**物理的負担を増加**
　　・できない部分のプリント、宿題を増やす
　　・学力面の向上だけを目標とする
　2）**子どもの気持ちを傷つける言動**
　　・できないところだけを何度もやらせる
　　・できないことを叱責する
　　・否定的なことばを使う（だめねぇ、できないわねぇ、など）
　　・前のことを持ち出して注意・叱責する（いつもこうなんだから、前もこうしたでしょう、など）
　　・感情的なことば・態度で接する
　　・他の生徒の前で、その子のことを悪く言う

2．保護者の情緒面を不安定にさせる言動
　1）**子どもの問題点を指摘し続ける**
　　・子どものできないところを週に3日以上連絡帳に書くなど
　2）**保護者の養育状況への非難**
　　・保護者のしつけの問題を強調する
　　・過保護、甘やかしということばを何度も保護者に言う
　　・ひとり親家庭など、家庭の問題を強調する

（筆者作成）

【参考文献】

　学習障害に関する図書はたくさん出されています。ここでは、協力者会議の報告書の他には、シリーズもの、言語・ＳＳＴ（社会的行動のトレーニング）に関するもの、医学関係の平易なものを若干あげてあります。

・学習障害及びこれに類似する学習上の困難を有する児童生徒の指導方法に関する調査研究協力者会議：学習障害児に対する指導について（報告）．1999．
・日本ＬＤ学会編：わかるＬＤシリーズ．日本文化科学社，
　　第１巻『ＬＤとは何か』責任編集；上野一彦・中根 晃，1996．
　　第２巻『ＬＤの見分け方』責任編集；森永良子・中根 晃，1997．
　　第３巻『ＬＤと学校教育』責任編集；林 邦雄・牟田悦子，1998．
　　第４巻『ＬＤと医療』責任編集；中根 晃・加藤醇子，2000．
　　第５巻『ＬＤと家庭教育』責任編集；牟田悦子・森永良子，1999．
・上野一彦、他編：ＬＤ教育選書．学習研究社，
　　第１集「ＬＤとは」症状・原因診断理解のために，1996．
　　第２集「ＬＤの教育と医学」学習課題と教育方法，1997．
　　第３集「ＬＤの領域別指導事例」集団参加から教科指導まで，1997．
・竹田契一・里見恵子・西岡有香：ＬＤ児の言語・コミュニケーション障害の理解と指導．日本文化科学社，1997．
・上野一彦監訳：ＬＤのためのソーシャルスキル・トレーニング．（ビデオテープ付き），日本文化科学社，1993．
・森永良子・上村菊朗：ＬＤ－学習障害，治療教育的アプローチ，改訂２版．医歯薬出版，1992．
・原仁・杉山登志郎：入門　教師のためのやさしい精神・神経医学．学習研究社，1991．

第4節—e 注意欠陥多動性障害（ADHD）

1. 注意欠陥多動性障害とは

　注意欠陥多動性障害（以下ADHDと略す）は、最近テレビや書籍で大きく取り上げられるようになり、教育現場でもずいぶん注目されるようになってきました。しかし多動や衝動性など問題行動に結びつきやすい部分ばかり強調され、児童が優れた一面を持ちあわせていることにまで理解は及んでいないように思われます。この節ではADHDという特徴を持つ児童との適切な接し方について、実例を示しながら考えていきます。

症例―J男（小学校5年）
　J男は周生期に異状なく、運動発達に遅れはなかった。赤ちゃんのときから、抱っこされているより自由に動くのが好きな子であった。初めての言葉は1歳4ヵ月と、やや遅かった。
　3歳から幼稚園に入った。何にでも興味を示す元気な子であったが、思いつきで突然走り出すので目が離せなかった。時々転んでは大きな擦り傷を作っていた。人なつこい性格で、いつもみんなを誘って「戦いごっこ」をしていた。先生からは「ユニークで、はっきり自分の意見が言える子だね」とほめられていた。
　小学校に入ると、まわりのみんなはおとなしく座れるようになったのに、J男だけはキョロキョロ、ウロウロしていた。課題を与えられても、手先が不器用なうえに途中で投げ出してしまうので、図工や体育は大の苦手であった。担任教師からは「ちゃんと話を聞きなさい」「忘れ物が

多いね」「きれいにかたづけなさい」などと注意されることが多くなった。休み時間もゲームのルールを守れなかったり、順番を待てなかったりするので、たくさんいた友達もだんだん減ってきた。はじめは大好きな学校生活であったが、だんだん行くのがいやになってしまった。

お母さんも担任から「授業の妨げになります。家庭で言って聞かせてください」と言われ、ついついJ男を叱りつける機会が増えていった。そんなときJ男は「僕と弟とどっちが大事なの?」と不安そうな顔をしていた。

J男の姿が心配になったお母さんは、ユニークな素質を伸ばしてやろうと、タレント養成学校へ入学させることにした。J男にはもともと「ジャッキーチェンのようなアクションスターになりたい」という夢があった。タレント学校での大胆な演技は好評で、ときどきテレビドラマに脇役として出演している。

以上、ときどきトラブルは起こすものの、好奇心が旺盛で何にでも興味を持ち、行動力あふれる元気な子ども、J男の魅力をご理解いただいたでしょうか。では、ADHDの特徴について順を追って説明していきます。

2. ADHDの主な特徴

(1) 多動

文字どおり落ち着きがなく、つねに動きまわっているということです。例示したJ男のように、乳幼児期からこの傾向がみられることもあります。幼稚園や保育園に入園して集団行動が要求されるようになると、この特徴が目立つようになってきます。小学校に入学するとさらに問題が大きくなり、注意や叱責を受ける機会が増えます。成長が進むにつれて座っていられる時間は長くなり、小学校高学年になれば問題がなくなる

児童も多くいます。しかしよく観察してみると、身体の一部をつねに動かしているという症状が残っていることもあります。

(2) 注意集中困難

ちょっとした周囲の刺激で気が散ってしまい、一つのことに集中するのが難しいということです。たとえば授業中に校庭からの歓声が耳に入ると、自分の課題はそっちのけで窓へ駆け寄ってしまいます。親や教師からは「すぐに他のことに気をとられて課題が長続きしない」などと叱られます。

他にも忘れ物が多かったり、大事なものでもすぐになくすという傾向もあります。その一因として注意集中困難があると考えられています。

(3) 衝動性

「思いつくと何でもすぐにやってしまう」「結果を考えないで危険な行為を起こしやすい」ということです。J男のように、無鉄砲な行動からつねに手足に擦り傷を作っている児童もいます。また中には自分の気に入らないことがあるとすぐに他の児童に手を出す者もおり、けんかの原因になりがちです。遊びなどの順番を待つことも苦手で、これもトラブルのもとになってしまいます。

3．ADHDの二次的な特徴

（1）学習の問題

ADHDの児童にはアンバランスな知的発達がしばしば認められます。たとえば描画の能力が劣っていたり、文字を覚えるのが少し遅かったり、作文が非常に苦手な子どももいます。また全般的な知的障害を合併することもあります（「通常学級に通う軽度知的障害の子ども」（第3章4節b）「通常学級に通う学習障害の子ども」（第3章4節d）参照）。

ひとつ注意が必要なのは、単なる学業不振との鑑別です。すなわち授業に集中できないことから成績が下がることがよくあります。たとえば漢字の習得が遅い児童がいて、主治医として当初は学習障害を疑いましたが、よく理由を尋ねてみると「練習するのが面倒くさいから」という答えが返ってきたことがあります。このようにＡＤＨＤの児童が学習面での問題を抱えることはよくありますが、その原因については慎重に検討しなければなりません。

(2) 性格の特徴

ＡＤＨＤの児童は粗暴な言動から乱暴で図太い性格だと思われがちです。ところが実際に出会ってみると、人なつこくて親しみやすい児童も多くいます。

さらにゆっくりつきあってみると、意外に臆病で不安が高いことがわかってきます。たとえばちょっと叱られただけで「僕なんか生まれてこなければよかったのに」とか、「お母さん、僕のこと好き?」と不安を表現する子どももいます。それを理解しないままやたらと枠づけしたり叱りつけたりすると、子どもとの信頼関係が失われてしまいます。

(3) 二次的な情緒障害

ＡＤＨＤの児童は叱られる機会が多いため、自己評価が下がりがちとなります。そのため思春期になると「どうせ俺なんか生きていても仕方ない」と自棄的になったり、最悪の場合は非行に走る場合もあります。つねに児童の長所をみつけてほめることが、この二次的情緒障害を防ぐうえで非常に重要です。

(4) 身体的な合併症

しばしばみられる合併症としてチック症があります。目をパチパチさせる運動性のチックをはじめ、急に声を出してしまう音声チックがみら

れることもあります。一過性のものであればようすをみて構いませんが、長期間にわたって続くようならば専門医での治療が必要になってきます。

　他に夜尿症を合併する児童もいます。これについても小学校低学年までは問題ありませんが、長期に続くようなら治療の対象となります。また夜尿症をきっかけにして、自己評価がさらに下がらないよう注意が必要です。

4．ＡＤＨＤと診断されたら

　何年かの経験がある教師であれば、上記のような特徴のみられる児童に出会った覚えがあることでしょう。しかしＡＤＨＤの症状は広汎性発達障害などと区別がつきにくいため、その子が本当にＡＤＨＤかどうかは必ず専門医に判断してもらいましょう（「医療機関の活用の仕方」（第５章１節）「通常学級に通う高機能広汎性発達障害の子ども」（第３章４節ｃ）参照）。診断が確定した場合、以下に述べるような配慮が必要になります。

(1)　まず背景に「障害」があるという事実を認識する
　ＡＤＨＤの子どもたちの行動はルール違反やいたずらが多く、親の育て方や本人のわがままが原因と考えられがちです。しかしＡＤＨＤは生来の脳の障害であり、だれの責任でもないということを正しく理解しなければなりません。

(2)　子どもの特性を知る
　前述のように、ＡＤＨＤには多動・注意散漫・衝動性といった特徴の他、不安が高かったり、学習の問題を抱えていることもあります。個々の児童について、その特性を正確に把握する必要があります。

(3) 個性にあわせた環境を作る

　環境調節の原則は「気が散らなくて集中しやすい環境を作ること」です。具体的には刺激の少ない静かな明るい教室で、整理整頓された机をはさみ、教師と児童が１対１で短時間に限って勉強すれば……と言いたいところですが、実際の教育現場では非常に難しいことでしょう。以下に普通学級でも実現可能な対応と注意点をいくつか例示します。

◇座席の位置

　ＡＤＨＤの子どもにとって、窓の外での出来事や他の児童のしぐさは魅力的なものです。目に入ればすぐに注意はそちらを向いてしまいます。そのため座席は後よりは前、窓際よりは廊下側のほうが適切でしょう。

◇指示の出し方

　何回指示しても従わないため叱責をうけてばかりの児童もいます。しかし子どもとしては悪気があって無視しているわけではありません。指示されたことをすぐに忘れてしまうのです。だから教師もイライラせず、穏やかな口調で繰り返し言ってあげると、子どものほうはハッと思い出したかのように指示どおり行動することがあります。

　また言語だけでの指示ではその場限りで忘れてしまうこともあります。カードなどを利用して視覚的にもわかる形で表現するのも良い方法でしょう。

◇課題の終え方

　一つの課題を終えると、教師としてはついつい「もうちょっとやろうか」と言いたくなるものでしょう。その気持ちを抑えて、「よくできたね！　今日はここまでにしようか」といって切り上げれば、子どもはさわやかに勉強を終えることができます。前述のように、ＡＤＨＤの子どもはものごとを途中で投げ出してしまい、達成感を感じる機会が少な

なりがちです。自己評価を下げないためにも、勉強はできたところで終わるのが原則です。

(4) 薬物療法

　環境調節と並んでしばしば薬物療法が行われます。これにも教師の協力が不可欠です。というのもADHDで最もよく使われるリタリン（一般名　メチルフェニデート）という薬は作用時間が5〜8時間と短く、学校にいる時間のみ有効な場合もあります。そのため、まず教師が服薬前後での変化を観察して保護者や医師に報告しなければなりません。また頭痛や食欲不振といった副作用への注意も必要となります。リタリンは前述のように作用時間が短いため、朝食後に加えて昼食後の服用を指示されることもあります。その場合は学校で服薬することになります。飲み忘れや量の間違いがないよう、養護教諭と協力しての援助が必要です。

5. 将来に向けて

　再三述べてきたように、ADHDの児童は叱られてばかりで自己評価が下がりがちとなり、二次的な情緒障害を起こして非行など反社会的行為につながりやすいといわれています。

　一方でADHDの児童には鋭い感性や実行力を持つ者も多くいます。提示したJ男のようにテレビ出演を果たす人もいれば、芸術やスポーツ界で成功をおさめている人々の中にもADHDらしき人を発見できます。教師が児童の優れた部分を見逃さずにうまく引き出すことができれば、現在の自己評価を高めるにとどまらず、これから思春期・青年期を迎える彼らにとって大きな支えとなることでしょう。

（河村雄一）

【参考文献】
- テイラー・エリック（門眞一郎・清水里美訳）：落ちつきのない子ども―多動児をもつ親のためのガイド．メディカ出版，1991．
- 司馬理英子：のび太・ジャイアン症候群―いじめっ子，いじめられっ子は同じ心の病が原因だった．主婦の友社，1997．
- 司馬理英子：のび太・ジャイアン症候群〈2〉―ＡＤＨＤ　これで子どもが変わる．主婦の友社，1999．
- 石崎朝世：落ち着きのない子どもたち―多動症候群への理解と対応．鈴木出版，1991．
- 石崎朝世他：多動な子どもたちＱ＆Ａ―ＡＤＨＤを正しく理解するために．鈴木出版，1999．
- メアリー・ファウラー：手のつけられない子　それはＡＤＨＤのせいだった．扶桑社，1999．
- 黒柳徹子：窓ぎわのトットちゃん．講談社，1981．

第4章

こんな時にはどうする

第1節　虐待を疑うが確信がない

1．虐待とは

　子どもの虐待を考える時重要なことは、虐待はあくまでも子どもを中心とした概念であるということです。ですから、親の意図や子どもへの気持ちとは関係なく、子どもからみて苦痛であったり有害である行為はすべて虐待です。
　子どもへの虐待は、一般に以下の四つに分けられます。親または親に代わる保護者など（または年長の同居親族を含む）によって、子どもに与えられたこれらの行為も虐待に含まれます。
【虐待の分類】
　①**身体的虐待**：苦痛、外傷、生命の危機を生じる暴行。異物を飲ませる、食事を与えない、戸外にしめだす、一室に閉じ込めるなどの行為も含む。
　②**ネグレクト（放置）**：不適切な養育、放置、保護の怠慢。子どもの食事、衣服の世話をしない、就学や登校をさせない、病気になっても病院につれていかない、留守宅に放置する、買い物やパチンコをしている間子どもを店や車の中に放置するなど。
　③**性的虐待**：性交、性的暴行、性的行為の強要など。子どもに対し不適切な性的刺激を与える（性器や性交、性的な内容の画像を見せるなど）ことなど。
　④**心理的虐待**：子どもに心理的外傷（不安、おびえ、うつ状態、凍りつくような無感動、強い攻撃性、習癖異常などの精神状態をきたす心の傷）を与える行為。言葉による脅し、拒否的な態度、無視、他の兄弟と

差別的な扱いをするなど。

2．虐待は子どもに何をおこすか―虐待のサイン

　ほとんどの場合、子どもは自分から虐待されている事実を人に言うことはありません。ですから、子どもが一日の多くの時間を過ごしている学校で、教師が虐待のサインに気づいてあげられるかどうかは早期発見のための非常に重要なポイントです。

　虐待は、低年齢では身体のようすから明らかになることが多いのですが、学童期以降、子どもの年齢が上がるにつれて心理的虐待や性的虐待が多くなるため、行動面の変化として現われやすくなります（第４章４節「キレる子・暴力的な子」、第２章１節「単独で非行を繰り返す生徒」、第２章３節「性的非行」、第２章５節「いじめ」参照）。問題行動を特定の子どもが繰り返す場合、背景に虐待がないかどうか、十分な注意が必要です。

　また、虐待はどのような親にも起こりえるので、できるだけ先入観を持たずに保護者をみる必要があります。虐待をする親は必ずしも攻撃的な親や子育てに不熱心な親であるとは限らず、普通に社会生活を送っている、一見とくに問題のない親であることも少なくないからです。以下に虐待のサインを列記します。

【こんな子どもや保護者のようすは虐待を疑ったほうがよい】
　①子どもの身体面
　　・不自然な場所（衣服に隠れる部分や転んで打つはずのない部分）に傷がある。
　　・新しい傷と古い傷が混在している。傷の理由を言いたがらない。
　　・体や衣服が不潔。季節はずれの服装をしている。
　　・身長や体重が増えない。逆に極端な肥満。
　②子どもの行動面

- 無表情、凍りついたような表情で人をじっと見る。
- いつも不安そうにキョロキョロしている。
- 落ち着きがない。
- 発達の遅れがある。
- 食べることに異常に執着する（給食をがつがつ食べる。人の食べ物をとる）。
- 友達とうまく関われない（一人でも平気、べったりくっついたり突き放したり友人関係が安定しない、友達をいじめるなど）。
- 家に帰りたがらず下校時間になってもぐずぐずしている。家のことを話したがらない。
- よく嘘をつく。
- 植物、動物、虫に残虐な行為（引っこ抜く、たたきつける、殺すなど）をする。
- 理由のはっきりしない遅刻や欠席がある。
- 年齢不相応な性的遊びをする。男性を怖がる。
- 反抗、攻撃的な態度をとる。
- 教師からちょっとした注意を受けただけで過敏に反応し、おびえたりいじけたりする。
- 学業成績の急激な低下。授業中ぼうっとしている。
- 単独での非行（万引き、家出、性的逸脱行為など）をする。

③ 保護者のようす
- 子どもを触ったり話しかけたりすることがない。
- 表情が固い、あるいは暗い、ひどく疲れたようす、イライラしている。
- 連絡物、提出物を出さず、子どもの学校でのようすを知りたがらない。
- 近所付き合いがないようす。
- アルコール依存や薬物依存がある。

3. 虐待への対応（図4-1-1参照）

　子どもの虐待に対する学校の役割は、虐待への直接的な対応（通告、関係機関との連携）を行うことと、子どもに対し安全で安心できる場を提供することです。連携をとる機関としては児童相談所が中心となります。

(1) 虐待への対応（通告の仕方）
　児童福祉法第2章第25条には「要保護児童発見者の通告義務」があり、保護者に監護させることが不適当と認める児童を発見した場合の福祉事務所または児童相談所への通告が義務づけられています。また、2000（平成12）年11月に施行された児童虐待防止法には、職務上児童虐待を発見しやすい立場にあることを自覚し児童虐待の早期発見に努めなければならない児童の福祉関係職種として、学校の教職員、児童福祉施設職員、医師、保健婦、弁護士があげられています。虐待の通告は守秘義務違反にならないことも明記されています。通告には虐待の証明の必要はなく、「疑い」の段階でもできるだけ早く児童相談所に連絡すべきです。担任や養護教諭が少しでも虐待を疑う場合、学校長を含む複数の学校職員で協議し、情報の収集、共有を行い、通告の合意を行います。できれば普段から校内虐待防止ネットワーク（委員会）を作っておくのがよいでしょう。

　通告の仕方は校内協議を通し学校として学校長が行うものが一般的ですが、担任、養護教諭からの電話相談のレベルでも急いで連絡したほうがよい場合もあります。通告は口頭でもよいことになっています。虐待について何らかの対応を行う場合、児童相談所は、家族が学校に対し攻撃を向けないように、情報源を明らかにしない、対処の責任は児童相談所にあることを家族に伝える、などの配慮をします。

図 4-1-1　学校における虐待への対応

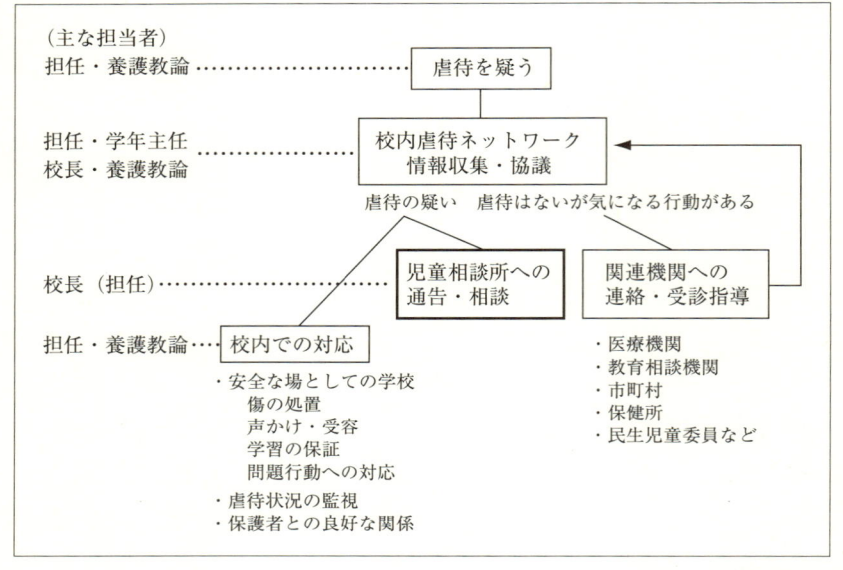

```
(主な担当者)
担任・養護教諭 ……………………… 虐待を疑う
                                        ↓
担任・学年主任                      校内虐待ネットワーク ←──────┐
校長・養護教諭  ………………      情報収集・協議                │
                                    虐待の疑い　虐待はないが気になる行動がある
                                      ↙               ↘
校長（担任） ………………………  児童相談所への      関連機関への
                                    通告・相談          連絡・受診指導
担任・養護教諭 ……………… 校内での対応        ・医療機関
                              ・安全な場としての学校   ・教育相談機関
                                  傷の処置           ・市町村
                                  声かけ・受容        ・保健所
                                  学習の保証          ・民生児童委員など
                                  問題行動への対応
                              ・虐待状況の監視
                              ・保護者との良好な関係
```

(筆者作成)

(2) 安全な場としての学校

　緊急保護などにならない限り子どもは家から登校してきます。学校は、子どもに対し安心できる場としての環境を整え、できるだけ保護者との良好な関係を保つようにし、引き続き虐待の状況について十分観察を続けます。子どもに対しては、傷の処置などの身体的なケアと同時に、声をかける、ゆっくり話す時間を作るなどの配慮をします。ただし、話のなかで、虐待の有無や傷の原因についてしつこく聞いたり、親を責めたりすることをしてはいけません。重要なことは、子どもが一日の多くの時間を過ごす学校が子どもにとって安らげる場であり「味方」であり続けることであって、子どもの心の外傷の治療については専門家と連携して行うべきでしょう。

4. 教師がしてはいけないこと

①絶対に一人で抱えこまない、一人で解決しようとしてはいけない。
②放置しない、見て見ぬふりをしない、あきらめない。
③保護者を責めたり、虐待の事実を認めさせようとしたりしない。
④秘密をもらさない、子どもから聞いたことを保護者に言わない。

（汐田まどか）

【参考文献】
・三菱財団社会福祉助成子どもの虐待防止マニュアル作成委員会編：虐待からの子どもと家族の救出とケア．1996．
・京都市教育委員会：こどもの心と体を救う！─家庭支援・子ども虐待防止への教職員手引き書─．1999．
・厚生省児童家庭局監修：子ども虐待対応の手引き．1999．
・奥山眞紀子：医師のための虐待対応の手引き．川野小児医学奨学財団助成，2000．
・椎名篤子編：凍りついた瞳が見つめるもの．集英社，1995．

第2節　やることなすこと腹が立つ生徒

1．何故かイライラする（させられる）

　何故かイライラさせられてしまう子がいます。担任しているクラスで万引きや暴力などの非行やいろいろな問題を起こして手のかかる子はもちろんイライラさせられます。自分の貴重なプライベートの時間を脅かされたり、費やさなければならないときには腹が立って当然でしょう。ただここで話題にしたいのはそういう問題児というほどではないのだけれど、「とにかく可愛くない」「その子といるだけで何だかイライラしてしまう」というタイプの子のことなのです。やることなすことと言うと少々大げさに聞こえますが、でもその表現がぴったりくる子に時折出くわします。

　たとえば、教師や大人に対して挑戦的な態度や言葉を投げつけてくる子、社会・学校・教師批判をする子（大人の矛盾をついてくる）、甘えを強要してくる子、裏表のある子、妙に大人びて慇懃無礼な子、礼儀を知らない子、ピリピリ・イライラした感じを表情・態度で発散している子、くねくねして意思のはっきりしない子、嘘をついてその場を逃れようとする子など、例を挙げるときりがないくらいあれこれ浮かんできます。またＡＤＨＤ（注意欠陥多動性障害）の子どものように、何度注意してもなかなか言うことを聞いてくれない子に対してもイライラすることもあるでしょう。

　その場では謝ってもまた同じことを繰り返す子もいます。やる気のなさが前面に出ていて、こちらがやらせようとするとますます抵抗するような子は躍起になるのが馬鹿らしく思え、イライラさせられます。こう

いう子どもはたいてい教師みんなからひそかに嫌われてしまうタイプの子たちで、同時に同級生からも敬遠され孤立していることが多いのです。
　しかしときには、だれもがではなく、何故か自分だけがイライラさせられてしまう子に出会うこともあります。そして、「その子の問題なのか、それともイライラしてしまう自分の問題なのか」と考えさせられてしまうことになるのです。

2. イライラの理解、子どもの理解

　理解なくしての対策はありえませんから、まずはその子の理解に努めなくてはなりませんし、「イライラ」そのものについて考える必要もあります。我々が腹を立てるのは、多くはその対象に対して無力感や虚しさを抱かされたり、自分を否定されたと感じるときなのです。またイライラは近くの人に伝播するという性質も持っているので極めて影響力の強い感情でもあります。
　いわゆる「可愛くない」「イライラさせる」子どもは、可愛がって欲しいけれども素直にそれを表現できずにいる子、あるいは自らイライラしている子ということができます。そのために相手する側もどう接すればいいかわからなくなり、無力感や虚しさというような感覚を抱きやすいのです。それまでもその子なりの可愛がられ方をされてきているわけですが、本人がそれに満足していなかったり偏った形で接してこられた子は無意識のうちに同じ対応を繰り返して、結局まわりの人からみると可愛くない子となってしまいます。イライラしている子も過去や現在においてイライラさせられてきた子なのです。
　また、ひとくちにイライラしていると言っても、それを表面に出している子もいれば、ぐっと押さえ込んで結局すべての感情を押し殺していたり、反動で馬鹿丁寧な態度になっているときもあるのでわかりづらいときもありますが、こちらがイライラさせられるというのが一つのポイ

ントになります。ADHDの子どもとの対応でのイライラは、その子自身に対してイライラする部分もありますが、1対1では対応できるかもしれないことを、クラスという集団のなかで対応せざるをえない状況に対する無力感が大きいこともあります。

　巧妙にこちらの弱点を突いてくる子もいます。とくに思春期の子どもたちは無意識的、反射的に大人の弱点を突いてきますが、それは思春期がそれまでは無批判に大人のいうままに受け止め、受け入れざるをえなかったさまざまな物事を自分で判断する能力を獲得しなければならない時期だからです。挑戦的だなと思えるのですが、裏側には相手の動じない姿を試す、言いかえれば教師に絶対的なものを求め、いかなる場合でも動じないで堂々としていてほしいという願望があります。自分がそうありたいというものを教師に向け、手本を得ようとしているのです。本来は親に求める気持ちを教師にも求めてくるのです。

　イライラは関わりを持つからこそ生じる感情で、距離のある人間関係では生じにくいものでもあります。隣のクラスの子ということで余裕を持って接していられた子が、受け持ちになったとたん嫌いに思えることもあります。親身になればなるほど、こちらの思うとおりに動いてくれないことに腹が立つのです。しかし、ここで気をつけなければならないのはその裏側にある我々自身の「子どもを思いどおりに動かしたい（万能感）、支配したい欲求」が強すぎる場合があることです。とくに自分の弱い部分を見せつけられる思いにさせる子に対しては、こういう感情が知らずしらず強くなってしまうので注意が必要なのです。

3．対策

(1) まずは自分の気持ちを正直に振り返ること

　表向きには「教師は安定した人格でなければいけない」ということになりますが、教師とて人間です。教え子たちに腹が立つことはもとより、

いろいろな感情を抱いたからといってそれは自然なことであり、善悪の問題ではないのです。本当に怖いのは無意識的にとっている言動で、知らないうちに自分の気持ちを生徒たちにぶつけていることなのです。内心イライラさせられていることを自分で気づかないうちに倍返しにしていることもあるのです。自分がその子に対してどういう感情を抱いているのか、自分自身に正直になることが一番大切なことです。

(2) 感情のコントロール
　しかし感じたままを子どもたちにそのままぶつけていてはプロとは言えません。やはり自分の気持ちに耐えるということも必要となります。でも耐えるといってもいろいろな方法があります。同僚や目上の先生、あるいは友人や家族でもいいですが、誰かに話をすることですっきりすることはよく経験されます。また、自分の趣味のなかで発散するということもいい方法でしょう。

(3) 何故かを考える冷静さ
　感情的に巻き込まれることはよくあることですが、深みにはまらぬ工夫が必要です。無力感はますますこちらの「支配的な感覚」を強化し、それがまた無力感や虚しさを強く刺激するので、ますます「イライラ」してしまうという悪循環が生じます。それを回避するためにも、同僚、妻や夫との会話のなかで、相手の子どものことや今の状況を冷静に振り返ってみることです。

(4) 無理をしないこと、一人で抱え込まないこと
　すべてを「相性」というあいまいな言葉にするのは責任逃れになることもありますが、苦手な子というのもはどうしてもいるものです。本当は可愛がってほしいのだとわかっていても、真面目に我慢して無理して可愛がろうとすればするほど深みにはまってしまうときがあります。距

離をなくしてしまっていることが多いので、意識して距離をとることも有効です。教科やクラブなどでその子のことをいやに思わない他の先生にお願いすることもいいでしょう。また、1対1の関係では相手の求めている気持ちやぶつけてくる気持ちが強すぎて受け止めきれない場合は、チームとしてその子に対応するということも効果があるでしょう。

(5) 同僚とのコミュニケーションの大切さ

　学校では忌み嫌われていることの多い怒りなどのネガティブな感情を、恥ずかしく思わずに自由に表現していいという雰囲気作りが求められます。お茶を飲みながらでも話ができるといいのです。またそういった子を抱え込んで苦しんでいる同僚に対して「お互いの話を聞き合う」ことも必要です。間違っても説教に終わらないようにしなければなりません。というのも「何とかしなくちゃ」という気持ちが強いために苦しんでいるわけですから、上記のように本人自身の気持ちの解きほぐしが必要です。その人が教師としての知識が足りないわけではないのです。

(6) 自分の吟味

　自分を吟味してみることもいいでしょう。自分はどういう子に弱いか、イライラさせられるか、苦手なのかと考えてみるのです。何も難しく考えることはありません。教師も人間ですから、得意なものもあれば不得意なものもあるのです。たとえば、「甘えている子」に抵抗を抱きやすく、「甘えは許せない」とすぐ反応してしまう人もいます。

4．まとめ

　子ども自身の甘えたい欲求やイライラをぶつけてきているとしたら、それをどう受け止めてあげるかで子どもの成長に影響が出てきます。親との間で解決されない葛藤をぶつけてきているのかもしれません。つき

あっているうちにその子のことが徐々に可愛く思えてくるということもよくあります。それはあなたの思いが変わったということだけではなく、そしてまたその子との二人だけの問題ではなく、その子自身が可愛がられたことで成長したということでもあるのです。

（川畑友二）

【参考文献】
・土居健郎・小倉清：治療者のあり方をめぐって．チーム医療，1995．

第3節　生徒の恋愛・妊娠

1．はじめに—セルフチェック

　自分の知っている生徒の恋愛について干渉することはよけいなおせっかいと思われるかもしれません。でも、想像してみてください。ご自分がティーンエイジャーだったころにもし恋愛し、その結果妊娠してしまったとしたら今ごろどうなっていたでしょうか。恋愛は比較的自由ですが、妊娠、出産、育児となると不自由がつきまといます。体も心も準備ができていないままその不自由さに突入することは、あまりハッピーなこととは言えないでしょう。ここでは若年の妊娠を予防することを主眼において、生徒との関わり方を概説したいと思います。

　まず、はじめに、自分自身をチェックしてみましょう。以下の質問について考えてみてください。
　①恋愛は自由なので、その結果生徒が若年のうちに妊娠することになってもかまわないと思っている。
　　はい→表4-3-1を読み、若年妊娠の実態を理解してください。
　　いいえ→つぎの質問にすすんでください。
　②どうして若年の妊娠、出産は予防すべきか知っている。
　　はい→つぎの質問にすすんでください。
　　いいえ→表4-3-1を読んでからつぎの質問にすすんでください。
　③その生徒とは、セックスの話題も語り合える関係である。
　　はい→準備はOKです。生徒へのおせっかいを始めましょう。
　　いいえ→コミュニケーションの基本的なところを押さえ（表4-3-2）、
　　　　　　生徒との信頼関係を築きましょう。もちろん単に傍観者でい

表4-3-1　10代の妊娠出産について知っておくべき事実

1．米国では、26秒にひとりの10代女性が妊娠している。1時間に56人の10代女性が出産しており、そのほとんどは婚外子である。
2．10代の母の子は、明らかに早産、低出生体重児、精神遅滞、新生児死亡のハイリスクである。加えて、虐待のハイリスクでもある。
3．10代妊婦の6割は学校を落第する。
4．10代の母親から産まれた女児は、成長ののちそのほとんどが10代で母親となる。
5．10代の妊娠は、半数が初めての性的接触から6カ月以内に成立している。
6．10代妊娠でも、その父親との関係が良好である場合に限り、良好な経過をとることがある。
7．性教育は学校でなされるべきであると考える親は多い。またそのほとんどが避妊教育を含むべきだと考えている。
8．女児14歳、男児12歳ごろから急速に増加する。

（著者作成）

表4-3-2　コミュニケーションのコツ

A　コミュニケーションをとるための基本的なこと
1．まず相手のことをよく知ろう。
2．思っていることを心から話す。
3．聞く。

B　「性」についてのコミュニケーションをとるときの留意点
1．早いほうがよい。
2．話しやすい話題から話しにくい話題へと進む。
3．自分の経験を話すことから始める。
4．話題を提供してその反応をみる。
5．「自分がどう思っているか」をはっきりと示す。とにかく話す。
6．リラックスする。
7．適切な時間と場所を選ぶ。
8．聞く。これを忘れないこと。
9．自尊心を大切にする。
10．講釈（lecture）しないこと。
11．生徒の行動を批判しないこと。
12．すぐに決めつけないこと。

（著者作成）

ることも可能です。だれかに代わってもらうこともよいでしょう。心配事は一人で抱えないようにしてください。

2. 恋する二人の危険度評価

　恋する二人は盲目かも知れません。冷静な第三者の目でこの二人がどんな関係なのか、身体的、精神的にどの程度危険な関係なのかを評価することが必要です。まさによけいなおせっかいなのですが、若年の妊娠、出産を予防するという観点からは客観的な評価をする人が必要なのです。若年の妊娠、出産にはさまざまなリスクがつきまといますが、それでも実際にそのリスクを乗り越えている人たちはいます。大切なのは、そのリスクを乗り越えようという強い意志で二人が結ばれているかどうかです。若年者に限りませんが夫婦としての男女の絆、あるいは信頼するパートナーシップを二人が発揮できるかどうかは必須の条件です。

　その他に家族や親戚、友人のサポートも大切な条件です。以下の項目を参考にあなたなりの「見立て」をしてみてください。

(1) 当事者本人の評価
①「ノー！」と言うことができる生徒かどうか？
　たとえばそのパートナーが一方的に性的な関係を求めてきたときに、その生徒は「ノー！」と言うことができるでしょうか。あいまいな意思表示しかできない生徒の場合はずるずると性交渉へ、そうして妊娠、ともすると中絶という方向にすすみかねません。「でも好きだから」「彼に愛していないと思われるのがいやだから」という言葉が聞かれるかも知れませんが、「とにかく、一度ははっきりと『ノー』と言うこと」を指示する必要はあると思います。それができそうにない生徒なら性的な関係が続いてしまう可能性があり、注意して見守ることが大切になります。

　パートナーについても同様に、「ノー」を受け入れることができるか

どうかの情報が必要になるでしょう。

②性病予防、避妊、妊娠中絶の危険性など理解できる生徒かどうか？

　知的レベルの問題になりますが、感情ではなく理性というもので性的な行動を抑制できるかということも大切な因子です。「性病になるかもしれない」「中絶するのはとても大変だ」という意識があればある程度性交渉の抑制にもなり、妊娠のリスクも下がります。正しい避妊の方法を理解できる知的レベルであれば、さらにそのリスクは低くなるでしょう。同じことがパートナーにも言えます。感情をいかに「頭」でコントロールするかということです。

(2) 二人の「関係性」の評価

　これは簡単にいうと、二人の「あいだがら」はどうかということです。互いに相手を尊重し、互いの良いところを引き出していくような創造的なあいだがらであることが望ましいのですが、ともすると、一方的であったり暴力的な関係であったりすることがあります。若年妊娠、出産を予防するという観点からはそのリスクは高いと思わざるをえません。私たちは、さまざまな恋愛関係モデルをテレビや小説、マンガなどから手に入れることができますが、つねに社会的規範というものに照らし合わせていく冷静な判断をする必要があります。パートナーが同年代とは限りませんので、パートナーの人となりもきちんと情報を得ましょう。

(3) 家族、友人関係、社会的なサポート体制の評価

　これらは一番情報を得ることが困難なことですが、少なくともお互いの家族構成や、ご両親がどのような人となりであるかは知っておくほうがよいでしょう。必要に応じて両親への連絡役を担当することもあり得るでしょうから、互いにコミュニケーション関係を形成しておくとよいでしょう。友人関係なども当事者たちから聞き出しておくと、後で貴重な情報源になると思います。

(4) 介入レベルの検討

これらの情報をどう整理してどのような「見立て」をするかということについては決まったものがありませんが、あなたが、以下のうちのどの態度をとるかを決めるつもりで情報収集してください。

◇**レベル0の介入**：性的関係にいたる可能性が低そうなので、見守るのみ。

◇**レベル1の介入**：性的関係になる可能性があるので、性病、若年妊娠の危険性、正しい避妊の方法を説明する。自分一人の介入でなんとかなりそう。

◇**レベル2の介入**：性的関係からさらに妊娠してしまう可能性が高いので、家族への連絡や場合によっては専門家への紹介なども必要になりそうだ。

3. 伝えたいメッセージ

あらためて言うまでもなく、恋愛関係は自由です。その自由にけちをつけようとするわけではありませんが、人生の先輩としてあるいは生徒を指導する立場のプロフェッショナルとして、生徒に伝えたいメッセージをいつも自分なりに整理しておきましょう。また、あいまいな説明にならないように知識を整理することも必要です。つぎのようなメッセージを織りまぜるとよいと思います。

◇**「自分を（心もからだも）大切にしよう」**：とくに性病の危険性や、若年の妊娠出産が医学的なリスクに溢れていることを含めて、自分を大切にするという感覚は重要です。自分を大切にしない者が他人や子どもを大切にすることはできないからです。

◇**「心とからだの準備ができてからにしよう」**：性的な関係を持つということは、恋愛の延長上にあるように思えますが、実は大きな崖を飛び

越えるようなものです。心の準備もからだの準備も不十分なままでは渡りそこねてしまいます。準備が整うまでは待つことにしても、それはだれにも迷惑はかかりません。

◇「いつでも、どこでも、相談にのってあげるよ」：第三者の考えも聞いて冷静な判断をすることも大切。また困ったことがあればいつでも相談してほしいし、相談してもらえることをとてもうれしいと思っています。

4．妊娠が成立してしまったら

　すみやかに両親に連絡をすることが大切です。また、信頼できる産婦人科医へ連絡しましょう。人工的に妊娠を中断する方法はありますが、時期を逸してしまうと手後れになることもあります。また、暴力による性交渉にあったときも専門医に連絡する必要があります。傷害事件として警察に連絡する必要もでてくることがあります。

　日頃から、このような問題の相談にのってくれそうな産婦人科医と知り合いになっておくことは、とてもあなたの助けになります。同僚や、同じような経験のある先輩に聞いたり、学校医を通じて紹介してもらうなどの方法をとってみてください。現実的にはこの作業がもっとも困難が予想されます。小児科医も役にたてるかもしれません。

（塩川宏郷）

【参考文献】

teenage pregnancy prevention program関連のホームページ
　http://www.notmenotnow.org/
　http://www.noah.cuny.edu/pregnancy/
　http://www.cfoc.org/

第4節　キレる子・暴力的な子

1．はじめに―キレる子どもの行動分析

　「キレる」とはがまんが限界に達し、理性的な対応ができなくなることを言います。キレる子・暴力的な子とは発作的に自分を抑制する力をなくし、暴力という衝動行為に走ってしまう子どもたちのことをさしています。
　「キレる」「暴れる」という行動をつぎのように分析すると理解しやすくなります。
①**準備状態**：子どもの情緒不安が慢性化し、衝動性が強まり、自分を抑制できなくなっている。
②**刺激**：ちょっとした出来事がその子の傷ついた心の弦に触れ、その刺激に強い痛みを感じてキレてしまう。
③**反応**：腹をたてたり暴れることによって、子どもの中の攻撃性が解放され、ちょっとした爽快感と万能感を味わう。
④**強化**：一度キレると、つぎからは安易にキレやすくなってしまう。周囲からの叱責、批判のなかで、不信感と劣等感を強め、一層キレやすくなってしまう。
　このような悪循環を断ち切るには、子どもの心の安定をはかる、刺激を少なくする、気分の発散をはかり、キレるという反応をなくする、周囲との関係を改善することなどを目標とします。

2. 事例から学ぶキレる子への対応

このような子どもたちへの理解を深め、どのように対応していくかについて、事例をあげながら述べます。

症例ーK男（小学校3年）

K男は小学校3年になってから、ちょっとしたことでカッとなって友達に暴力を振るい、仲裁に入った担任の手を鉛筆やコンパスで刺すなど、キレて暴れる状態が続いて受診した。K男の表情は険しく、いらだちが強かった。にらめっこのつもりでゆがめた主治医の顔に腹をたて、持っていた鉛筆で突然、目を突くまねをした。気分を変えるために紙飛行機づくりに誘うと、工夫して作り、戸外で飛ばすと、表情が和らいだ。

幼児期は病弱で、今も身体の病気をひそかに気にしていた。勝ち気である反面、人前で話すことが苦手で、友達とうまく関われないことや、担任との気持ちのすれ違いがあったという。

K男は、呼び捨てにされる、命令される、禁止される、馬鹿にされるようなことに極端に反応した。また特定の男子の言葉にキレやすいことがわかり、このような状況では担任が気をつけて対応し、興奮しても深追いをしないようにした。興奮し始めたとき、好きな話題に転じると、落ち着くようになった。

K男がコンプレックスを持っている病気について、担任が級友に説明したところ、今までK男に批判的だった女子がK男に対して優しくなり、教室が和やかになった。また担任は放課後、K男とおしゃべりすることで関わりを深め、K男の感情表出、ならびに情緒の安定を計った。担任と家族の信頼関係もできてきて、K男の表情が穏やかになり、キレることが少なくなった。

(1) 学校だけで対応できるかどうかの見極め

　まず、K男のようにキレやすい子の場合、単にキレやすいだけか、ほかの問題がないかどうかを鑑別する必要があります。K男は多動傾向やコミュニケーション障害などは認められませんでした。
　ここでキレやすい子の背景となる問題について述べます。
　①コミュニケーションの悪い子の場合は広汎性発達障害や学習障害などを疑ってみる（第3章4節「通常学級に通う軽度発達障害の子ども」参照）。
　②コミュニケーションはよいが落ち着きがなく、注意の集中の悪い子の場合は注意欠陥多動性障害を疑ってみる（同上第3章4節参照）。
　③あまりにも興奮が激しい子や言動にまとまりのない子などの場合、精神的な病気も疑ってみる。
　以上のようなタイプの子は単にキレやすい子とは違った問題がありますので、信頼できる専門医への相談が必要となります。

(2) キレる子の心理

　K男のようにキレやすい子の心に目を向けてみましょう。そのような子どもたちは劣等感、不信感、満たされない思い、どうしようもない怒りなどをいつも心に抱えています。また、人とうまく関われない、自分の感情をうまく表現できない子が多いのが特徴です。
　慢性的な情緒不安を引き起こしている要因として、つぎのように多方面から考えてみると解決の糸口が見つけやすくなります。
①学校生活の面
　・体力、性格、理解力、病気、友人関係、教師との関係、部活動など学校生活のなかで不満がうっ積していないか？
②家庭生活の面
　・食事、睡眠、排泄などの健康管理ができているか？
　・親の過度の期待、厳しいしつけ、虐待など、家庭で居心地が悪いの

ではないか？

(3) キレやすくなる状況の分析

　どのような状況でキレやすくなるかを分析することで、むやみにいらだたせることなく対応できるようになります。その子のキレやすい状況を把握し、できればキレやすい状況をつくらないようにしましょう。つぎのような状況になったときは気をつけて対応し、深追いしないようにしましょう。
　①自尊心が傷つけられたとき
　②劣等感を刺激されたとき
　③侮辱されたと感じるとき
　④心がいらだっているとき
　⑤のけ者にされたとき
　⑥特定の教師、友人に相対したとき
　⑦大勢に責められたとき、など。

(4) キレたときの教師の対応

　子どもがキレたときは、まず冷静に対応して、子どもの心を静めることが大切です。興奮することでしか自分を表現できない子どもの心の痛みを感じる余裕が持てると、子どもの感情は収まってきます。子どもの感情に巻き込まれて興奮してしまうと、子どもは一層のぼせてしまいます。キレたとき、子どもは自分の行動は覚えていないが、大人の対応、とくに子どもが傷つくような言葉などをよく覚えていて、「先生が勝手に興奮してたじゃないか」と言う子もいます。また、必要以上に多人数で対応して、子どもの反抗心をあおりたてたり、恐怖を抱かせることもあります。要は子どもを深追いしないことが大切です。

a) 体制づくり

クラスにキレる子がいると、担任の心理的負担が大きく、担任は周囲の支えがないと無力感や焦りが強まり、子どもに冷静に接することが難しくなります。解決を急いで、叱責だけを繰り返したり、家族を責めて問題をこじらせることがあります。上司や同僚が担任の聞き役になったり、チームティーチングの先生が入って子どもに関わるなど、協力体制が必要です。

b) 子どもとの関わり

①子どもとの心のつながり

子どもは相手の自分に対する感情を鋭く感じとります。その子を好きになると同時に巻き込まれないだけの心理的距離を持つことが大切です。

②子どもへの対応

話し合いは落ち着いたときに、1対1でするのが基本です。人の迷惑云々ということより、キレるのを治すことが大切なことなのだという態度を貫くことが大切です。「担任はすぐに助太刀を呼んでくるが、主任の先生は一人で話してくれる」と言った中学生がいました。子どもはこの先生は自分を助けてくれるかどうかをよく見ています。

キャッチボールにたとえると、子どもが爆発というかたちで投げてきたボールをしっかり受け止め、そのボールを子どもが受け取れるようなスピードで返していく。つぎにどのようなボールを投げてくるかを見定めて、投げ返していく。その子どもが受け止めることができ、胸にドンとくるように投げると効果的です。

c) 家族との連携

学校での状態や子どもの不安定な心理を家族に上手に伝えて、家族と協力していくことが大切です。家族と学校の役割分担を明確にして、協

力を求めることが必要です。さらに学校で対応しきれないとき、診断が必要なとき、家族との関係がこじれたときなど、他機関への相談あるいは紹介が必要です。紹介後も、家族だけに任せず、学校がその機関と密に連絡を取って、対応について話し合いを続けてください。

症例―L男（中学校1年）

　中学に入ってから、学校ですぐにキレて暴れ、授業ができない状態であった。教師としては万策つきたある日、「何が不満なんだ、言ってみろ」とついにL男に詰めよったところ、「勉強がわかんねーんだよー」と泣きながら怒鳴り返した。L男の心の奥の悲しみが先生にも伝わり、またL男も弱さを出せたことで相互の関係が改善した。

（浜副　薫）

【参考文献】

・石田一宏：キレる子、キレない子．大月書店，1998．

第5節　孤立する子

1．なぜ孤立しているかを見分けるポイント

　孤立している子どもや孤立しやすい子ども（以下孤立する子）は、子どものさまざまな発達段階や年齢層でみられますが、ここでは主に幼児期から学童期（小学生）の子どもに焦点をあてて述べてみたいと思います。
　孤立する子がなぜ周囲から孤立しているのか、どのような原因が考えられるのかについて検討する場合、つぎのいくつかの視点から観察することが重要です。

(1) 集団帰属への欲求の有無
　まず集団に入ることや他の生徒に対して、まったくあるいはほとんど関心がないために孤立しているのか、「本当は入りたい」という欲求があるのに、社会性（対人的スキル）や自我の発達が未熟であるために集団に入ることができずにいるのか、それとも他の生徒に迷惑をかける行動（たとえば暴力）があるために疎外されているのかを鑑別することが重要です。集団活動や他の生徒との交流にまったくあるいはほとんど関心がない場合、極端に言えば話しかけても視線が合わない場合には、自閉症などが疑われます。一方、本当は集団に入りたいという欲求があるのに、社会性や自我の未熟性のために集団に入れない場合には、何らかの情緒の障害が疑われます。

(2) 孤立傾向の状況依存性

つぎに、孤立しやすい傾向が幼稚園・保育園や小学校などの集団の場面に限られていて、家庭では親や兄弟との交流が保たれているのか、それとも、集団場面でも家庭でも同様に孤立しやすいのかを区別することが重要です。

すなわち、孤立傾向が「状況依存的」であるかどうかを観察することが重要です。孤立傾向が集団場面のみに限られている場合には、何らかの情緒障害が疑われます。一方、孤立傾向が集団場面でも家庭場面でも同じ場合には、自閉症や精神遅滞などの発達障害が疑われます。

(3) 孤立する子の母子関係の観察

孤立する子とその母親との関係を観察する必要があります。すなわち、幼稚園や小学校などで母親が昇降口や保健室まで送ってきても、母親と離れることができず、いわゆる「分離不安」がある場合には、無理に集団に入れても孤立することが多いようです。この場合は、母親との「分離個体化」がまだ不十分であり、子どもの自我の発達が母親との共生的な段階にとどまっていて、母親からの「心理的な乳離れ」を行い、社会性を身につけることがまだ十分になされていないことが疑われます。この分離不安は、子どもの情緒障害の一つである登園拒否や登校拒否（不登校）の原因となることが多いようです。

(4) その他のサイン・症状の観察

つぎに、孤立傾向の他に問題となるサインや症状がないかどうかを観察することが重要です。たとえば、落ち着きのない行動（多動）、言葉の遅れ、一つのことにこだわりすぎる行動、著しいパニック・興奮などがみられないかどうかを観察します。これらの症状、つまり多動、言葉の遅れ、こだわりの行動、パニック・興奮などの症状がいずれも著しい場合には、自閉症などの比較的重い発達の障害が疑われます。多動、こ

だわり行動、パニック・興奮などが多少みられるが、それほど著しくない場合には、注意欠陥多動性障害や学習障害などの比較的軽い発達の障害が疑われます。

(5) 場面かん黙症の場合

　つぎに、孤立する子とは多少ニュアンスが異なりますが、集団場面になるとまったく話すことができず、かん黙状態となる子どもについて述べてみたいと思います。家庭では親や兄弟と普通に話すことができるのに、保育園・幼稚園や学校に来ると一言も喋れない子どもは、「場面かん黙症」と呼ばれます。元来の性格傾向、家庭での養育環境、心理的外傷体験などのさまざまな心理的な原因によって起こるものであり、広義の情緒障害の中に含まれます。場面かん黙症にはいくつかのタイプがあり、集団場面で話すことができないことのみが問題となるタイプや、集団場面になるとかん黙となるばかりか、食事・排泄・学習活動などもまったくできなくなるタイプなどがあります。ただ場面かん黙症の子どもは教室で喋ることはしなくとも、集団の遊びに入って言葉以外のコミュニケーションを保って楽しんでいるように見えることがあり、この点で完全な孤立する子とは違っています。

2．孤立の原因となる障害と疾病

　さて孤立する子はなぜどのような原因によって孤立しているのでしょうか。それを簡潔に説明するのは非常に困難ですが、一つ言えることは多角的な視点からその原因を考慮していかなければならないということです。少なくともつぎの三つの観点から情報を集めなければなりません。
　①発育・発達が何らかの理由で遅れていないか。
　②家庭での養育環境が著しくゆがんでないか。
　③子ども自身の性格や気質が生来的に偏っていないか。

図 4-5-1　孤立する子の背景要因と対応

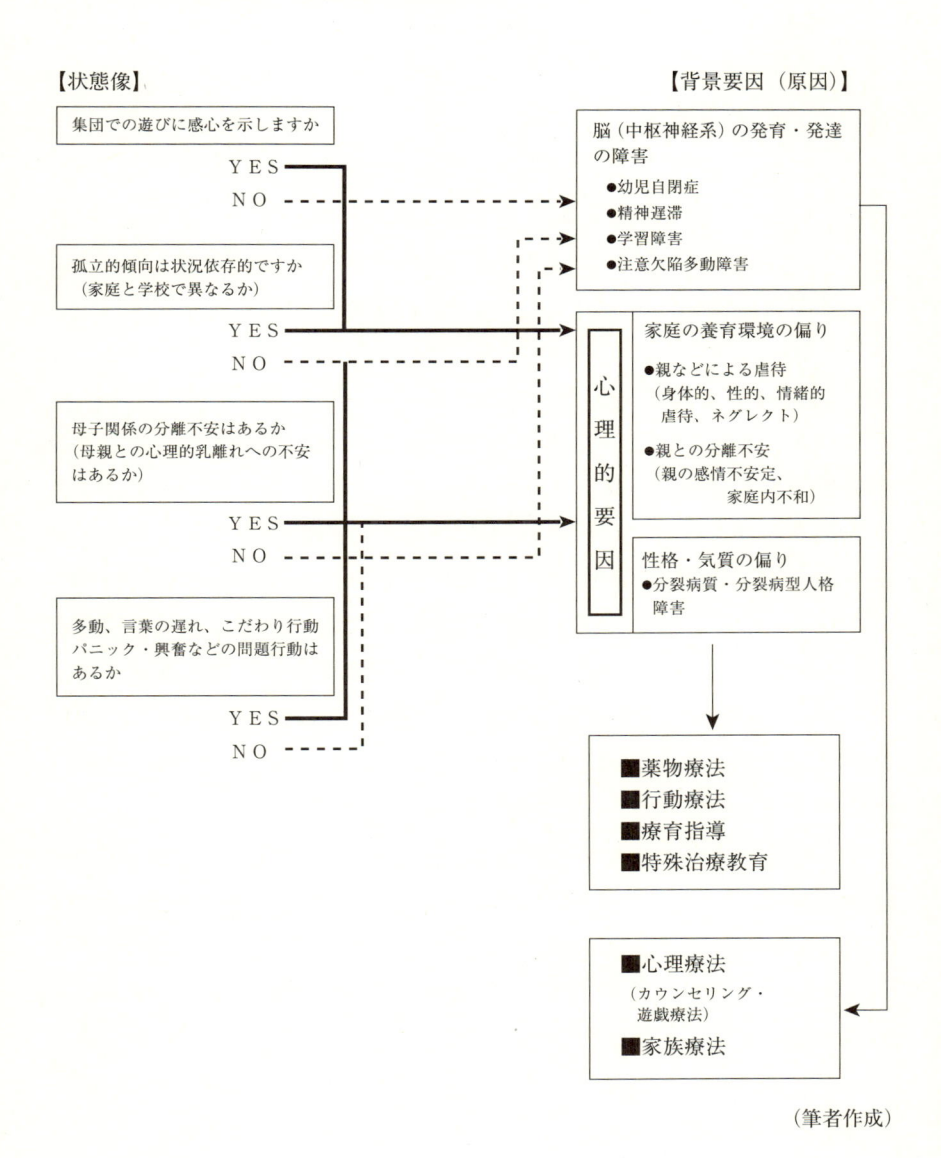

【状態像】

集団での遊びに感心を示しますか
- YES
- NO

孤立的傾向は状況依存的ですか
（家庭と学校で異なるか）
- YES
- NO

母子関係の分離不安はあるか
（母親との心理的乳離れへの不安はあるか）
- YES
- NO

多動、言葉の遅れ、こだわり行動
パニック・興奮などの問題行動はあるか
- YES
- NO

【背景要因（原因）】

脳（中枢神経系）の発育・発達の障害
- ●幼児自閉症
- ●精神遅滞
- ●学習障害
- ●注意欠陥多動障害

心理的要因

家庭の養育環境の偏り
- ●親などによる虐待
  （身体的、性的、情緒的虐待、ネグレクト）
- ●親との分離不安
  （親の感情不安定、家庭内不和）

性格・気質の偏り
- ●分裂病質・分裂病型人格障害

■薬物療法
■行動療法
■療育指導
■特殊治療教育

■心理療法
（カウンセリング・遊戯療法）
■家族療法

（筆者作成）

第4章　こんな時にはどうする　173

後に述べる症例のようにこれらの要因の一つのみならず、二つ以上の要因が関与していることもあります。

(1) 発育・発達障害
　まず、脳の発育・発達が何らかの理由で障害されている場合には、社会性の発達が未熟になり、孤立することが多いようです。自閉症や精神遅滞がこれに該当します。発達の遅滞の有無やその程度を調べるためには、精神発達検査や知能検査を行う必要があります。

(2) 家庭の養育環境の偏り
　つぎに、家庭の養育環境が著しく偏っている場合にも、社会性や自我の発達が未熟になったり、ゆがめられることがあります。たとえば、乳幼児期から親などによって、身体的虐待、性的虐待、ネグレクト（無視・放任）、情緒的虐待などを受けた場合、親との基本的信頼関係が確立されにくく、心の中に安心感が育まれないため、学童期や思春期になっても親しい友人関係や異性との安定した関係を長い間維持することができずに、社会的に孤立することがあります。これは「被虐待児症候群」と呼ばれます。実際の症状としては、不登校、非行、小児うつ病（状態）、ヒステリー（解離性障害）*、摂食障害などを示します。
　また前述のように何らかの理由で、母親からの心理的な乳離れができず「分離不安」がある場合に、集団内で孤立しやすいことがあります。これは1歳から4、5歳までの母親との「分離個体化」の時期に、母親が夫婦関係や嫁・姑関係で悩んで精神的に不安定となったり、母親自身の精神障害があるために十分な安心感を子どもに与えて、子どもの依存欲求を充足させてあげなかったことが原因となります。この分離不安は、登園拒否や登校拒否（不登校）の原因になることがあります。
　家庭の養育環境を調べるためには、親子関係診断テストなどがありますが、それよりむしろ、動的家族画などの投影法の心理検査を行ったり、

実際の親子関係を客観的に観察することがよい方法です。

(3) 性格・気質の偏り

つぎに、子ども自身の性格や気質が生来的に著しく偏っていて、極端に内気で引っ込み思案であるために孤立しやすいことがあります。この性格や気質がどのように形成されるかはまだ十分に解明されていませんが、遺伝的な原因が大きいと考えられます。両親のいずれかが対人的に疎遠な傾向を強く持つ人の場合、子どもにも同様な性格傾向が出現することがあります。子どもの性格や気質を調べるためには、さまざまな心理検査・性格検査が有用です。スクールカウンセラーに相談してみてください。

3. 孤立する子への対応と指導

以上に述べたように、孤立傾向の原因としてさまざまな要因が複雑に関与しています。子どもがなぜ孤立しているのかを見極めて、何らかの発育・発達の障害や養育環境の偏りなどがあるかどうかを調べて適切に対応しなければなりません。発育・発達の障害がみられる場合には、特殊教育が必要であり、養育環境の偏りがある場合には、子どもの心理療法（カウンセリング・遊戯療法）とともに、家族指導、家族療法が必要となります。著しい孤立傾向のために集団に適応できない場合には、専門医の診察を受けることが望まれます。

4. 孤立する子の症例

つぎに著者が実際に経験した孤立する子の症例を紹介して説明します。

症例—M男（小学校2年）

〈家族歴〉父親は公務員。アルコール依存症で家で酒を飲むと職場での愚痴を長々とこぼし、妻（母親）に罵声を浴びせていた。子どもの養育には放任的で、母親と祖父母との不和にも逃避的中立の立場をとっていた。祖父母は家柄と世間体を重んじ、学歴の低い母親を軽蔑して、養育方針にいちいち口を出して支配していた。母親はM男の幼児期から夫や祖父母との関係で思い悩み、うつ状態に陥り、心の余裕をもってM男を育てることができなかった。M男の幼児期にはかなり気分が落ち込み、M男を連れて実家に戻ったことが何度かあった。

〈既往歴〉M男の胎生期、母親が妊娠中毒症のため、M男は出生時、1800gの未熟児となった。頭部外傷、熱性けいれん（ひきつけ）などの既往歴はないが、初歩や初語などはやや遅れた。

M男は幼稚園児のころから落ち着きがなく多動的であり、集団のルールにしたがって遊ぶことができず、ひとり遊びが多かった。また自分の思うことを言葉で表現することが不得手であり、他児との会話もあまりできなかった。

小学校に入学したころから朝の登校時になると不機嫌になり登校をいやがったが、母親が無理やり連れて通わせていた。クラスでは授業中、教師の話を聞かずにぼうっとしていることが多く、休み時間も他の子どもの仲間に入ることができず、クラスで孤立していた。また算数、国語などの勉強についていけず、体育も苦手であるため、同級生から「バカM男」と呼ばれ、いじめられていた。3年生ころから登校時間になると家で不機嫌になって暴れ、登校を強く拒むようになったため、母親に連れられて当院の外来を受診した。

〈初診時の所見と検査所見〉初診時、M男はオドオドした態度で過度に緊張しており、医師が話しかけても蚊の鳴くような小さな声で答えていた。WISC-R知能検査を施行したところ、IQ75でいわゆる境界知能であり、とくに算数や長文の理解が苦手であった。また動的家族画・

バウムテストなどの投影法の心理検査では、父親像の薄さと自我や社会性の未熟さがうかがわれた。以上の病歴と検査所見から、発達の未熟性による注意欠陥多動性障害と学習障害が根底にあり、養育環境の偏り、母子分離不安や学校でのいじめのために不登校と孤立傾向を示しているものと考えられた。

外来に通院させて薬物療法を行うとともに、臨床心理士の協力を得て遊戯療法を行った。また、父親、祖父母にも来院してもらい、家族全体への指導を行った。

また学校の担任教師や保健室の養護教諭と相談し、学校での対応指導を以下のように行った。

① 保健室への母親同伴の登校をしばらくの間認めてもらい、そこで養護教諭からいくつかの役割を与えてもらい、ほめてもらう。
② 休み時間や放課後はクラスの同級生1〜2人に来てもらって遊ばせる。少人数の友人との親密な関係をつくる。その子どもたちには週末に自宅に遊びに来てもらう。
③ 担任の教師にも時々保健室に来てもらい、M男の好きなゲームや楽しい話をしてもらい、教師との親密な関係をつくる。また教師や友人といっしょに不登校児のための合宿キャンプに参加して、楽しい体験を共有する。
④ いじめに対しては教師がリーダーシップをもってクラス全体を指導してもらう。

以上の対応を学校側の協力を得て行ったところ、クラスの担任の教師や同級生との親密な関係ができて、教室に入るようになった。また孤立傾向も改善し、休み時間には仲の良い友人と遊べるようになった。

(星野仁彦)

第6節 異性の教師に接近してくる生徒

1. 思春期（中高校生年代）の心性

　中高校生年代は、異性への関心や性的な衝動が高まってくる年代であり、ときとしてこうした関心や衝動を異性の教師に向けることがあります。このような生徒への対応を誤れば、「不祥事」「教育者としてあるまじき行為」などとして、先生方が非難や処分の対象にされてしまいます。本節では、このような異性の教師に過度に接近してくる生徒の特徴やこうした生徒への対応の仕方について述べます。

　この年代は、性的な衝動が高まってきています。この傾向はとくに男子に顕著で、集団で猥談をしたりエッチな雑誌などを回し読みしたりします。また、多くはマスターベーションも経験しており、その際には女性との性的な場面の空想が伴います（そうしたとき対象となるのは年上の異性が「選ばれる」傾向があります）。しかし、現実の異性対象に性衝動を向けることにはある種の不安が伴いますし、性衝動そのものに恐れや不安を抱く子どももいます。それゆえ受験勉強やスポーツに打ち込んだりしてこうした性衝動を押さえ込んだり（「昇華」といいます）、禁欲的な生活を送ったりもします。もし、現実的に性衝動を異性に向けたとしても、同年代の異性に向けることは回避され、安心感のある年上の異性に向けられる傾向にあります。

　つぎに、この年代はこれまで甘えや愛着や依存の対象であった親（原初的愛情対象）から、親以外の異性（二次的愛情対象）へと愛情を向ける対象を移行していく時期でもあります。言い換えれば、一方的に甘える関係から、お互いに甘えたり支え合う関係へと脱皮し始める年代です。

しかし、この移行は単純なものではなく、この時期にはこの二つの要素が複雑に織り合わさって存在します。したがって、年上の異性との性的行動が「親に抱っこされているという安心感を得る行為」と解釈できるケースもあります。

最後に、「援助交際」などに象徴されるような近年の性的行動の低年齢化や安易さがあげられます。こうした対象に教師が選ばれることもあります。

2. 危険に陥りやすい状況

教師と生徒が危険な状況に陥る場合には、大きくつぎの二つに分類されるのではないでしょうか。すなわち、生徒が始めから恋愛感情や性的関心を教師に向けてくる場合と、お互いにこうしたことを意識せずに接近した結果危険な状況に陥る場合です（教師が生徒に恋愛感情や性的関心を向ける場合は論外ですのでここでは割愛します）。

前者の場合は、教師が意識していれば問題を未然に防ぐことはそれほど難しくはないでしょう。問題になってくるのは後者の場合です。

たとえば、その生徒が何かうまくいってなかったり悩んでいるようなら、力になってあげたいと思うのは教師として極めて自然な感情です。教師が気になる生徒の状況としては以下のようなことが考えられます。

①元気がない
②仲間から孤立している
③成績が急に下がった
④体の不調を訴える
⑤学校を休みがち
⑥家庭が不安定である
⑦非行などの問題行動を示す

こうした生徒を何とか立ち直らせようと個人的に悩みを聞いてあげた

第4章 こんな時にはどうする

りしているうちに二人の距離がしだいに接近し、その結果生徒が教師に恋愛感情を抱くことがあるかもしれません。教師以外に受け止めてくれる人がいない場合はなおさらこうした危険が増すことになるでしょう。担任教師や養護教諭などがこうした状況に巻き込まれやすいのではないでしょうか。

　また、部活動の顧問と生徒の関係も注意が必要です。部活動は教師と生徒の関係において、物理的、心理的距離がもっとも近くなりがちです。指導はときとして身体接触を伴うこともありますし、合宿など寝食をともにすることもあります。教師による「熱心な指導」や日常生活の管理などから、生徒が教師を理想化し、それが恋愛感情へと変化していくことがあります。

3．危険な兆候

　ここでは注意すべき生徒の振る舞いについて述べます。生徒に以下のような兆候が出現したときには、危険な状況に陥る可能性があるかどうかを考えて慎重に行動しましょう。恋愛感情を告白するとか性的な関係を迫るといった行動は自明のことですので割愛してあります。
　①「相談があるんです」といって何かと二人になりたがる。
　②自宅に電話をかけてきたり一人で訪ねてきたりする。
　③個人的にプレゼントをくれる。
　④授業中、じっとあなたを見ている。
　⑤教師の生い立ちや好みなど、個人的な質問をよくする。
　⑥大人に甘えるのが上手である。
　⑦教師の体に触れたがる。

4．対策

　生徒にこのような兆候が認められ、危険な状況に陥りそうだと感じたときには以下のような心構えで対処しましょう。生徒から慕われたり恋愛感情を持たれれば悪い気はしないものですが、それを楽しんだり、「そのうち何とかなるだろう」などと先延ばしにしてはいけません。
　①二人きりではなるべく会わないようにする。少なくとも学校以外では絶対に会わない。
　②プレゼントは受け取らない。
　③あくまで教師と生徒の関係であることを明確にする（自分にも言い聞かせる）。
　④決して体には触れない。

　以上、異性の教師に接近してくる生徒の特徴やその対応について述べてきました。生徒に対して熱心な教師ほどこうした生徒と危険な状況に陥りやすいようです。

（山崎　透）

第7節　学級崩壊

1．はじめに

"学級崩壊"とは、「授業中の私語、たち歩き、教室からの脱走、課題やルールの無視、教師に対する反発、子ども同士のいがみ合いなどでクラスが混乱し、そこが安心して学校生活を営む場ではなくなってしまう現象」（松村）を言います。その他にも類似の問題を扱った用語としては、"授業不成立""まとまらない学級""荒れるクラス""新しい荒れ"などがあります。

　この節の目的は学級崩壊という現象を小児精神保健の立場からどのように考えられるのかを見い出し、かつ解決法を検討することです。ここでは学級崩壊を一つの症候群ないし病態と捉え、これまでの報告を参照して医学的な見立てを行います。つぎにその見立てから背景病理を推察します。そして精神保健の立場からのアプローチ方法を示します。

2．これまでの報告から見る症候群としての学級崩壊

　以下に教育の現場から出された学級崩壊をめぐる報告を並べてみます。筆者による取捨選択はなるべく避け、生の声を拾ってみたいと思います。

(1) 症状・実態：崩壊の原因・誘引となる状態もしくは崩壊中のようす
　①子どもの授業中の自発行動：私語（隣同士で大声）、興味のなさをすぐ言う（わかれへん、やりたない）、止める・叫ぶ、間違うと野次る

（なにいうてんねん、あほちゃうか）・馬鹿笑い、もの投げ・紙飛行機を飛ばす、先生について歩く、机の上を飛び回る、いやなことがあると「むかつく」と言い教室から飛び出す、友達を誘って出る、ささいな理由で家に帰ってしまう、水飲みに出る、寝転び居眠り（斎藤和）、けんか・プロレス・キックボクシングをする（坂本）。

②**授業開始・休憩時など**：チャイムを守らない（外で遊んでいる）、お菓子の持ち込み、教室でのボール投げ、テストを配ると破って捨てる、宿題をしない、給食のとき当番をしない（斎藤和）。

③**先生とのやり取り**：注意すると「うるさいオバハン、何でやらなあかんねん」などの反発から始まり、挑戦的で相手を傷つける言動をする、指名しても返事をしない、無視（斎藤和）、いじけて「もう死んでやる」（坂本）。

④**合併症**：いじめ―いじめと学級崩壊は表裏一体（木村他）。**破壊行動**―廊下のフックを足げり、工事中のセメントに足跡付け、落書き（○○死ね）。**突然の荒れ**―"キレて"後で覚えていない（坂本）。**学校外の合併症**―小学生の恐喝、タバコ、単車に乗る、深夜徘徊（木村他）。

（2）初期症状

学級崩壊の初期症状としては、以下のことが見られます（竹川）。

① 授業開始のチャイムが鳴ってもつぎの準備をしないで、先生の来るのを見張っている。
② 教室内が乱雑（机の向きがバラバラ、床に物が落ちている、掲示物のはがれ、黒板が汚い）。
③ 姿勢が悪い。
④ 頼みを聞いてくれない。
⑤ ノートがいいかげんに書かれている（併用、落書き、破れ、デコボコ）。
⑥ 作業が雑（早く終わろうとする、色鉛筆などの準備不足）。

(3) 症状の経緯

つぎに症状を時間経過から見てみます（向山）。

① 1～10日目：学年の開始時、クラスでちょっと行き過ぎの子が出てくる。

② その後1ヵ月まで：あちこちで小さなけんか、トラブル、忘れ物が目立つ、教師に反抗するが、1日1回怒鳴れば収まる。

③ 1ヵ月目ころ：授業中うろうろする、教科書・ノートを出さない、とにかくうるさい（窓側を注意すると廊下側がうるさい）。

④ その後：言うことをまったく聞かない、突然暴れ出す、親・管理職から事情を聞かれる。

学級崩壊は、まず初期症状として子どもの学級崩壊実態が出る。つぎに先生が注意する。その注意を無視する（これが挑発である）。そこで強く制圧する、たとえば仲間同士の話ができないようにする。すると被害者意識を訴える（オレらばかり注意するな）。かつ、まわりのクラスメートに一目置かせる。まわりの子どもはそれを見て、自分に攻撃が降りかからないようにする。ついには、まわりの子どもたちにも指導が入らなくなる（木村他）という形で進行します。

(4) 学級崩壊の分類

以下の分類が考えられます。

反社会学的学級崩壊（子どもの自覚型）と非社会学的学級崩壊（子どもの無自覚型）がある。自覚型には担任・学校への逆恨み行動、教室を飛び出す、ルールの壊滅状態、腕力で力関係ができるといった病理が見られる。無自覚型とは授業中のおしゃべり、分担の仕事への無責任さ、時間ルールへの鈍感さ（白須）、同調・付和雷同組の子がいる（この子どもたちへの対応しだいとなるが）といった対象のはっきりしない無秩序状態があり、かつ潜在的にいじめが何らかの形である（木村他）、ことが見られる。

(5) 考えられる原因・要因

a)～e) までの以下のことが考えられます。

a) 子どもの特徴

①つねに言葉で表現できないいらだち・不安がある子どもが多い。それは、ふれあい迷子（クラスの中で安定した人間関係のつながりがない・女子のグループ化・仲間以外のシャッタアウト・クラスの中での自分の位置の不安定）、価値迷子（いちいち質問に来る・細かいことの方向づけを聞きに来る）、知的迷子（授業についていけない）として見られる（白須）。条件付の愛情（いい点を取れば、○○ができれば、△△してあげる）を受けているのでお母さんが自分を嫌いになるかもしれないという不安を持つ（斎藤和）。

②子どもに見られる傾向として、楽なほうに流れ、正義感はあるが立ち向かわない。目立ちたがるが委員や役員になりたがらず、スポーツ・服装・芸能の話題で目立とうとする。自分を注目してほしがる、自分の否定的な気持ちをすぐ表現する、自分の気持ちを傷つけられた時に敏感である（斉藤和）、などがある。

③子どものルール観として、ルールを守ることに鈍感な傾向がある（白須）。

④先生への同一化が少なくなっている（油布）。

⑤多動性傾向の子どもの増加が見られる（池野）。

⑥幼児期に受けた教育（保育園、幼稚園、習い事）の差が大きい。つまり個人差がはじめから大きい（斉藤和）。自由保育、教育が生み出すマイナス面として、一斉指導、全体指導になじめない傾向が目立つ（池野）。

⑦年長者に対する権威感覚の低下、学力の低下、脱まじめ志向、集団に対する献身の不在、依存心の増加が見られる（加藤）。

⑧マスコミの影響（エロ・グロ的風潮）を受けている、かつそれを表現しやすい。

⑨生活経験が乏しい。家庭の中での子どもの位置づけが子ども中心で、個人主義が背景にある。それはささいな場面で見られる。たとえば、クラスでの取り組みでは、役員選挙でなんでせなあかんの、誰かするやろ。掃除・給食、我慢すること、しんどいことはいや、遠足も行ったことある、しんどいからいや、負けることを受け入れられない、目立つことはいや、など（木村他）。

⑩子どもの志向性・価値観の特徴として、空間的には生活反応重視（対・学校重視）、時間的には現在志向（対・未来志向）、文化的には消費（楽しさ）文化（対・学校（まじめ）文化）、リアリティでは仮想現実志向（対・現実志向）、感性重視（対・論理重視）、モラリティーでは「したい」志向（対・ねばならない）（船越）である。発達・教育論的には自己中心的自己実現志向（対・社会性ある人格形成志向）と言える。（注：（　）内はその対概念）

b）保護者の特徴

先生・学校に対して信頼は低く、要求が多い。責任転嫁しやすい（風邪をひいて連絡しても学校のせい、家が迷惑すると）。ささいなことを質問する（教材をなぜ買わないといけない）。問題が起きると担任を飛び越し、直接校長や教育委員会に話をもっていく（いじめられたときなど）。親として子どもに言うべきことも学校に頼る（塾に行くよう勧めて欲しい）（斉藤和）。

このような事態は、散発的に起きる。保護者の先生への会話内容は、自分の気持ちを心安い友達に立ち話をした時のようなものとなりがちである。

c）先生と児童との感覚のずれ

＜例１＞宿題を忘れたので残したところ、まわりの子がその子にできない子という烙印をおした。その後その子はそれがきっかけで荒れた。

＜例2＞服装（シャツを出す）や文房具類（キャラクター文具、蛍光ペンの持参）は教師の年代により価値基準が違う。しかもあの子はあんな髪型をしているなどと教師が自らの価値基準でもって低く評価する（斎藤和）。

d）社会・制度要因
① プライバタイゼーション（私事化、私化、献身価値より充足価値、趣味にあわせてのんきに生活する、マイホーム・私生活主義）の台頭（油布）。
② 家庭環境として、父子・母子・祖母子・継母家庭などが増えている。
③ 学校の三つの機能（託児機能、サロン機能、教育機能）のバランスの喪失。本来学校は約束しなくとも友達に出会える唯一の場で、「子ども文化」の中心であったが、これが力を失っている（「遊ぼう」といいにくく、「遊べる？」になる）。教育の存立基盤であったサロン機能の低下が教育を成り立たせなくしている（斉藤次）。
④ 地域教育力の低下：子ども同士の交流不足、孤独さ、大人の注意・励ましの低下（坂本）。
⑤ 無罰社会：素直さがない。悪事を行っても証拠がなければ認めない。現代は被害者よりも加害者の立場や理由を理解しようとする行為者保護思想が強く、行為者賞賛の"躁的社会の時代"とも言える。
などがあげられる。

e）教師の要因
教師が生徒らに対して求心力がなくなってきたこと。

(6) 対応法
a）授業内容
① 課題達成の機能を授業の縦軸とし、人間関係を培う要素を授業の横

軸とするなど。子ども主導の学習を支えるカウンセリングマインドを持つこと（西）。
② うまくいった授業としては、授業内容を工夫すること。
　たとえば、
　　・金子みすずの詩を教材（授業方針は、かってな発言ＯＫ、言葉で自分の感情・気持ちを表現させる）にする（玉井）。
　　・みんなが手を上げる授業（滝沢）。
　　・自主的共同学習（高旗）、課題解決学習（山口）など参加意識・子どもの存在感に配慮する。
　　・我流を廃した授業を組み立てる（福井）、など。
③ 授業方法・内容の原則としては、楽しく、わかりやすい授業をする。

b) クラス運営を工夫する。
　たとえば、
① 子どもとの信頼関係を築いておく。方法として、いっしょに遊ぶ、スポーツする、おしゃべりする（坂本）、先生が食事をいっしょにする（個人で、班で）（田中）、朝の会・帰りの会の利用（福浦）。
② 荒れた子の個別指導をやめる。代わりに学級全体への指導をする（かつルールを乱した生徒が得をしないこと）（染谷）。クラス目標を掲げる（昼休みは外で遊ぶ、１日１回発表、○○大会を成功させよう）。全員の居場所と出番を作る（たとえば学級内クラブをつくる：ミニ四駆、折り紙、サッカー）。

c) 子どもたちの自己責任を意図した自己管理を目指す。
　たとえば、体育の授業で並ばせないで、他人と同じやり方をさせない自由選択を導入する方法。席替えのルールでソーシャルトレーニングを含むルールで行う（木村他）。いじめ・暴力があった時学級通信で紙上討論などをする（渡瀬、今泉）。父母との協同作業を実施する（子育て

学習の場として学級懇談会、連絡帳)、などがある。

d) 学校全体ですること(教育委員会など外枠からの協力とアプローチ)。
たとえば、複数ないし学年担任制をとる（ただしデメリットもある。クラスがうまくいってる時そのクラスを壊してしまう）。教科担当制。1年ごとのクラス替え。担任の先生のサポートとして、チームティーチングをする。担任交代（休職を意味する）。

(7) 先生の心理

校長、他の先生、親に対して力量が疑われるので恥ずかしい（自信欠如、自責）、生徒からの攻撃で人間としての誇りが傷つけられる、いろいろと工夫してもうまくいかなかった（無力感）（斎藤和）など、先生の精神保健上も極めてよくない。学級崩壊を体験した実感は、クラスで何がしかの強制を伴う授業をしてみて、子どもたちの大きな抵抗や反発に出会ってこそ初めてその現実が共有できる（木村他）といわれている。それほどの厳しさがある。

(8) 後遺症

①児童・生徒の学力低下、②生徒が先生との権力闘争に勝ったとしても何も生まれない（木村他）、③暴力を持って独裁的に振舞って鎮圧しても、本当に子どもを救ったことにならない（斉藤和）など、深刻。

3．これまでの見方では見えない学級崩壊

これまでの学級崩壊に関する実態報告を見た場合、第一に教師や教育専門家の報告の特徴はやむを得ないことですが、学級という構造から、個人的な経験論に基づいていることです。したがって異質な出来事・現象・病理が含まれて一般化されえず、客観性に欠けるうらみが残ります。

学級崩壊の主役は子どもですので、子どもの立場から調査した報告が見当たらなかったのも残念です。

　第二に、学級崩壊を子どもの意見表明や子どもからの問題提起という捉え方でなく、授業ができないことや、子どもの問題行動という否定的な側面ばかり強調されていることが目立ちます。このため問題解決にあたって、原因やそこに至ったプロセス抜きで「解決法」が考えられてしまう報告が目につきました。子どもの気持ちや考えを抜きにこの現象を捉え、解決しようとしているようにも見えます。学級崩壊を子どもの心の訴えとして捉え直す視点が必要ではないでしょうか。子どもの病理を見るための、子ども一人ひとりのカルテがいるのではないでしょうか。たとえ学級崩壊がなくても「先生はいつも子どものことを心配している」のですから。このことが可能なためには子どもの内面をいつも語らせる機会・知る機会を作る必要があります。「こころの保健」の授業などの取り組みが重要です。

　第三に学級崩壊で表れてくる子どもたちの特徴は、先生あるいは生徒個人が持っている病理性と、先生と生徒、生徒同士の人間関係でのいろいろな出来事が、時間をかけて反映された結果です。言い換えれば、学級崩壊とは、規範としての学校が壊れ、人間関係の軋轢がそのまま隠されたりせず、クラスの授業の場で出やすくなったのです。たとえば学級崩壊の背景として、ターゲットになりやすい先生のタイプ（感情的になりやすい、クラスの生徒から嫌われる言動をする、落ち込みやすい教師）がある（木村他）ことや、近年の社会風潮である（5）のdで指摘された社会・制度要因などからも十分推測できます。つまり今では学校が家庭生活などと異なる別文化でなくなっています。かつての、家庭は家庭、学校は学校といった生活のダブルスタンダードが崩れた結果です。つまりクラス運営に「日常生活感覚を持ち、かつクラス・集団の人間関係のあり方という考え」を取り入れる必要があるのです。

　学級崩壊は突然起きるのではなく、初期症状・ようすがあり、その後

崩壊に至る道筋があります。まずこの二つを分けて考えてみたいと思います。つまり初期症状で、キーパーソンとなる子どもにとくに配慮すること、つぎにその後の展開に影響を及ぼしている要因を見つけ、絡んだ状態を解きほぐすことなどに分け、それぞれの対応策を考えることができます。

　第四に、学校が一人ひとりの子どもにとっての居場所となっているかの検討がいります。対応策で、うまくいった授業と報告されているものの共通点は「子どもが主体的に意見を表出できる場を設けた」点です。これは今後の対応に大きなヒントを与えてくれるでしょう。

4．解決法についての提案

a) 学級崩壊をただ単に授業をたて直すことにより解決しようとすることは、問題の本質を隠してしまう可能性があります。

　まずすべきは予防法と危機管理です。このためには、早くそのクラスの特性（学力程度、クラスメンバー同士の人間関係）、親や地域の特性、学校や学年の特性、子どものニーズ（知的関心、感情・精神世界など）をつかむことが必要です。

　そのための評価方法として、①荒れた学校のチェック法、②子どもにストレスを感じさせる親のタイプチェック法、③子どもとの感覚のずれチェック法、④子どもにストレスを感じさせる教師のタイプチェック法（三上）や、⑤学級の意欲・士気の状態調査（河村）などの方法があります。それらを用いて現状を評価するのがよいでしょう。（チェックリストは参考文献に載っていますので参照してください）

b) つぎに、子どもの精神生活やその背景を知ること。

　文化の異なる、日本語のわかる外国の子どもを相手に授業をしていると思い、相手をよく理解することです。このためには子どもとの接点を

図4-7-1　学級崩壊チェックのフローチャート

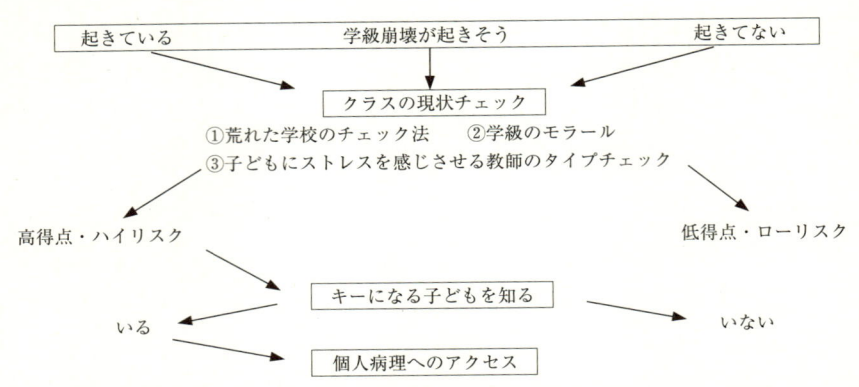

```
    起きている        学級崩壊が起きそう              起きてない
         ↓                  ↓                          ↓
              ┌─────────────────────────┐
              │    クラスの現状チェック    │
              └─────────────────────────┘
         ①荒れた学校のチェック法　　②学級のモラール
         ③子どもにストレスを感じさせる教師のタイプチェック
         ↓                                           ↓
  高得点・ハイリスク                              低得点・ローリスク
         ↓
              ┌─────────────────────────┐
              │    キーになる子どもを知る    │
              └─────────────────────────┘
       いる ↓                                    いない →
              ┌─────────────────────────┐
              │    個人病理へのアクセス     │
              └─────────────────────────┘
```

①その子ども自身に関する情報（家庭・性格・行動特性・社会性・友達関係・人気・評価・能力等）
②クラスの人間関係　　③クラス内外の最近の出来事とその子の関わり　　④その子にとっての
　先生の存在感の程度　　⑤その他の要因（クラブ・近所など）

```
              ┌─────────────────────────┐
              │  学級崩壊状況への病理の見定め │
              └─────────────────────────┘
```

①きっかけは何か　　②進行の要因は何か　　③進行を食い止められなかった要因は何か

```
              ┌─────────────────────────┐
              │      対応策の検討         │
              └─────────────────────────┘
```

A　個人的関係性へのアクセス　　●個人的なアプローチが出来るかどうかの検討
　　　　①個人的な関係が出来るか　　　　　　②保健室・養護教諭との関係
　　　　③友達を含め小グループへの関係確立　④家族へのアプローチ

B　教育・授業で可能なアクセス
　　●面白い授業やかっこいい授業でなく、この子・このクラスをメンタルヘルスの立場から救おう
　　　とする授業を考える
　　●学級はその子の「生きる事を保証する場」と位置付ける
　　●子ども"一人一人"が表現の機会のある・表現する事が出来る授業やクラス活動・グループ活動
　　　を考える（表現とカタルシスと他人の意見を聞く機会の提供）

C　グループダイナミクスへのアクセス
　　●クラス内でその子の病理を含めた問題を組み込んだ活動ができるかどうかの検討
　　　①クラス内グループの作り方（その子の程よい存在感の保証）　　②連鎖反応・相乗効果の防止

D　クラスの外での可能な対応策（学校全体・教育委員会段階での取組み）

（筆者作成）

具体的にどう作るかを考えます。現在の学校では、たとえば放課後教室に残りノートのチェックなどしていると、子どもから「先生こんなこと知ってる」と言って話しかけてきたりします。こんなときをきっかけとして利用してもいいと思います。もっと本格的な取り組み法としては、「こころの保健」という授業科目を設け、人間の感情生活や心理特徴について系統的に授業することも大切でしょう。そのようにすることで家族内の「生」の情報が得られるかも知れません。

c）子どもの個人病理について

子どもが急性あるいは慢性のストレス下に置かれている場合、その子の内面の苦しみや、そのストレスをしのぎ、のりきる（コーピング）ために、学校としてどのような対応・援助が取れるのかがもっとも議論されるべきです。子どもの個別病理性の軽減、子どもが抱えている問題の解決のために、先生として、クラスとして、学校として、ＰＴＡを含めて地域として、何ができるかを考えることです。また、これとは別の状態で、子どもがつねに意欲・活動性・興味などが低い水準にある（働きかけに対して反応が乏しく無反応・無為状態のような）場合は、精神的なリハビリとして教育委員会、校医、小児精神科医など、他の専門家や機関との連携をとり、適切な対処法を考えます。

5．まとめ

学級崩壊は、キーとなる子どもの個人的な精神病理*を発見することから始まります。つぎに単に授業を立て直すことのみに主眼を置かず、そのキーとなる子どもをいかに救うかという視点から、いろいろな対応法を考えます。このことが、学級崩壊に巻き込まれているすべての子どもたちを救い、学習への意欲的な参加を促すことになります。

（長尾圭造）

【参考文献】

・池野正晴：まず第一は教師の力量不足．現代教育科学，508，45-48，1999．
・今泉博：紙上討論で荒れからの変革のエネルギー．子どもと教育，臨時増刊，44-57，1998．
・片上宗二：診断・『学級崩壊の要因と遠因』、教師の力量不足が要因、子どもと社会の変化が遠因．現代教育化学，508，41-44，1999．
・加藤芳正：子どもたちは10年前とどう変わったのか；変わらないところ変わったところ．児童心理，臨時増刊，689，54-61，1997．
・河村茂男：学級のモラールを診断するチェックリスト．児童心理，臨時増刊，689，116-124，1997．
・木村淑武美、平山英生、森山雅彦、藤田佳久：学級崩壊；現役小学校教師の実践報告．紫翠会出版，1998．
・坂本泰造：新しい「荒れ」をどうとらえ克服するか．子どもと教育，臨時増刊，6-15，1998．
・斉藤和美：学級崩壊について（教師4年目の目から）．子どもと発達懇話会（堺），1999．（unpublished）
・斉藤次郎：学校文化と子ども文化;荒れる教室の解読のために．児童心理，臨時増刊，689，62-70，1997．
・白須富夫：キーワードは活気があってルールがあって．現代教育科学，508，188-224，1999．
・染谷幸二：今すぐ個別指導を止めよ．現代教育科学，508，35-37，1999．
・高旗正人：となりを助けない、となりに助けを求めない学校風土・学級王国の課題．児童心理，689，39-46，1997．
・滝沢孝一：みんなが手を上げる授業で教室に活気を．子どもと教育，臨時増刊，88-101，1998．
・竹川訓由：クラスが荒れ始めていると判断できる現象と対策；荒れ始

めは見れども見えず．ツーウエイ，175，16-17，1998.
- 田中親義：こんな学級をどうまとめるか；破壊的行為をする．児童心理，臨時増刊，689，138-140，1997.
- 玉井陽一：金子みすずの詩を教材に「言葉の世界へ」．子どもと教育，臨時増刊，66-79，1998.
- 西君子：教師としての人間的魅力、子どもと肩を並べる教師．児童心理，臨時増刊，689，72-79，1997.
- 福井隆司：謙虚に学ぼう－先輩から、子どもから、実践から．現代教育化学，508，76-78，1999.
- 福浦薫：朝の会、帰りの会で子どもの良さを認め励ます．児童心理，臨時増刊，689，144-146，1997.
- 船越勝：教師と子どものすれ違い；その分析と克服の視点．子どもと教育，臨時増刊，16-21，1998.
- 松村茂治：「学級がまとまらない」という現象をどう考えるか；その原因とメカニズム・教師の指示がとおらない？　子どもたちに何が起きているのか．児童心理，689，2-10，1997.
- 三上周治：意識・認識チェック表と実践のポイント．子どもと教育，臨時増刊，162-187，1998.
- 向山洋一：荒れるクラス、まとまるクラスは最初の3日で決まる．ツーウエイ，168，9-11，1998.
- 山口菜穂子：課題解決学習で育つ教育．児童心理，臨時増刊，689，107-115，1997.
- 油布佐知子：社会的・制度的背景を探る．児童心理，臨時増刊，689，22-28，1997.
- 渡世忍：学級通信でつづる6年生・卒業までの46日．子どもと教育，臨時増刊，115-140，1998.

第8節　生徒が犯罪被害者になったとき

1．はじめに

　犯罪被害者のメンタルヘルスは、最近になって注目されてきた問題です。子どもが被害者になることは多いのですが、これまであまり理解されませんでした。ここでは一般的なことを述べてみましょう

2．犯罪被害にあった子どもの理解

(1) 恐怖体験による心身の反応
a) 心の傷になる恐怖体験とは
　犯罪被害に遭うのは恐怖の体験です。しかし、恐怖の度合いは子どもの状況によって異なります。大人にとってささいなことと考えられることが子どもにとって非常に強い恐怖になることもあります。たとえば、目撃体験でも非常に強い心の傷になることもあるのです。

b) 心の傷というストレス
　強い恐怖を伴う体験をした時、心の傷と考えられる状態になります。それによる反応は以下のようなものが典型的です。

①記憶の侵入：再体験
　恐怖を伴う記憶は、これまでの自分の歴史としての記憶とは分離され、統合されない記憶として残ります。そのために思い出そうとしなくても、恐怖体験の記憶が浮かんでしまうのです。その際、「恐かった」という

感情も同時に湧き起こります。そのために授業に集中できないこともあります。また、悪夢や夜驚として現れることも多いものです。低年齢の場合には、漠然とした悪夢が多いといわれています。症状が強いと自分自身もその時点にいるような思いになり、このことをフラッシュバックと呼びます。その結果、外傷体験が繰り返されることになります。

一方ではそのような記憶を押え込もうとする力が働きます。そのため、その記憶の前後や周囲のことはかえって思い出せず、霧の中に恐怖の部分だけがはっきりと浮かび上がっているような状態と感じられます。そのためにかえって自分には統合して処理できない状態になり、より不安が高まります。

子どもの場合には、再体験が遊びの中に現れることが多いものです。その時の体験が遊びに現れること自体は当然のことであり、それ自体が癒しにつながることもありますが、遊びの中で我を忘れたように興奮していったり、あまりにも儀式的な遊びになる時には大人の目が必要な時と考えて下さい。

②心理的な防衛：回避、感情や感覚の麻痺、自己感の変化（離人感）、分離不安、退行、身体化

非常に恐い体験をしたために、生きることが安全であるという思いが崩されます。そのため、自分の精神がこれ以上傷つかないように無意識の内に守ろうとする働きが起きます。危険や記憶の侵入から自分を守るために恐怖体験に関係あるものを回避したり、自分自身の感情や感覚を麻痺させることにより自分を守ろうとするのです。被害にあった道を通れなくなったり、ぼうっとしていることが多くなったり、集中できなくなったりします。

著しい時には痛みを感じなくなることもあります。また、強烈な記憶とそれから守ろうとする働きのなかで、被害にあった後の自分は以前の自分ではないと感じられることもあります。そのために今までの友達と

同じようには遊べないと感じてしまう子どももいます。そのことが理解されないで放置されると、稀ではありますが、自分を確認するために自傷が始まってしまうこともあります。

　子どもの場合には、守られていた状況にもどろうとする無意識の心理的働きから赤ちゃんがえり（退行）したり、不安で親や家から離れられなくなる分離不安を示すことが多くなります。犯罪被害にあった後、1〜2ヵ月学校に行かれないこともあります。また、親といっしょでないと眠れなくなることも多くあります。さらに、学童期から思春期にかけては心の不安を表現することに耐えられず、身体の症状として表わすことも多い時期です。「頭が痛い」「気持ち悪い」といった不定愁訴が多くなったりします。

　これらの防衛を一生懸命使っても自分を全体として統合できなくなってしまうことがあります。子どもたちは突然人が変わったように行動したり、統合しきれない自分に混乱してしまうこともあります。朗らかに笑っていたと思ったら急に落ち込んだり、急に攻撃的なったりすることが多いのです。遊びも興奮した状態で断片的になり、次つぎに移っていってしまいます。周囲の子どもたちにとっては予想ができずにつきあいづらい状態です。大人たちが配慮しないと、二次的な問題につながりかねません。また、無力感も強くなり、うつ状態になることもあります。

③身体の防衛：過覚醒、興奮、爆発、硬直化、震え

　恐怖体験による身体の反応は非常に大きいものです。とくに子どもたちは身体的な反応が強く出ると言われています。恐怖の体験の後は安全感が損なわれ、自分のみを守る方向に身体が働きます。夜のジャングルの中に一人取り残された状況を想像してみるとわかりやすいでしょう。身を固くして、攻撃に備え、眠ることができずに、ちょっとした物音にもキョロキョロし、ちょっと危ないと思うとすばやく逃げたり、こちらから攻撃を仕かけられる状態になります。それでも不安で震えがきたり

寒気がしたり動悸がしたりするでしょう。それと同じ状態になるのです。本来は自分の身を守る行動でも、今の環境の中では、不眠、易興奮性などによって社会生活に不適応となってしまうのです。

(2) 被害者というレッテル

　被害に遭うということは一瞬のことだけではありません。被害に遭う前と後では大きな違いが生じます。恥ずかしいという思いや被害を避けられなかった自分に対する自責の念が起きがちです。また、被害を防げなかったことが強い無力感につながります。その結果、うつ状態になることも稀ではありません。さらに、被害に遭ったことが知られるとみんなから注目されるのではないかと不安になります。多くの子どもたちは被害に遭ったことを秘密にします。子どもたちにとって秘密を持つということ自体、心理的な負担になります。子どもの意思を尊重しながら、負担を負った子どもを支えていきましょう。また、周囲が知っている時には被害者というイメージに合わせなくてはならないと思い込み、元気で遊んでいてはいけないと思ったりします。周囲もそのようなレッテルを貼ることは避けましょう。

3．犯罪被害児への対応

(1) 対応の原則

　犯罪被害の記憶を消すことはできませんが、傷を癒すことは可能です。そのためには周囲の支えが不可欠です。

a) 普段からの対応

　被害を受けることは恥ずかしいことではないですし、被害者が悪いわけではありません。自分が被害を受けずに安全に守られる権利があることを子どもたちが確認するような教育が必要です。そのなかで、被害に

遭ったりイヤなことをされた時には大人に話すことが大切であることを伝えましょう。普段から子どもたちが話しやすい雰囲気作りも大切です。

b) 被害直後

　被害直後は不安が強いにもかかわらず、どうしてよいかわからずに、人に打ち明けずにそれまでの生活を保とうとしがちです。いつもと違うようすがあった時には優しく声をかけましょう。被害を打ち明けるのが遅くなっても決して「何でもっと早く言ってくれなかったの」と言ったり、根掘り葉掘り聞いたりせず、まずは打ち明けることができた勇気をほめましょう。「恐かったね。よくお話してくれたね」などという対応が大切です。そのうえで、本人の意思を尊重しながら話を聞きましょう。何回も聞かれることは子どもにとって負担です。学校で打ち明けた時には子どもと相談しながら、保護者の方と同席のうえでお話を聞くなどの配慮が必要です。警察や児童相談所に連絡することが必要な時には、信頼されている先生が付き添いましょう。打ち明けた相手がもっとも信頼されている大人です。

　家族に打ち明けて、連絡が入った時には、すぐに本人に直接聞くことは避けたほうがいいでしょう。ただ、保護者には「担任の先生だけは知っていて守ってくれる」と本人に伝えるほうがいいことを話しましょう。

　もちろん、「なぜ暗い道を一人で歩いていたの？」「知らない人と話してはいけないと言ったでしょう」など、本人に責任があるような言い方は避けるべきです。事件のことには言及しなくても、事件直後に校長先生が朝礼で「一人では決して帰らないように」と言ったことで、一人で帰った自分を責めて学校に行かれなくなってしまった子どももいます。犯罪はあくまで犯罪者が悪いのです。守れなかった被害者にも責任があるという考え方はやめましょう。

　被害に遭った後、学校を休みがちになったり、一人で登校できなくなることはよくあります。その時期には無理に学校への出席を強いず、ゆ

っくり時間をかけることが必要であることを話し、学校へ行かれないことによる罪悪感や勉強が遅れることへの心配を和らげてあげましょう。本人の状態を見ながら、家での勉強を支援したり、徐々に学校に近づくなどの通学の工夫に協力しましょう。おおむね1〜2ヵ月はそのような状態が続くことがあります。あまり症状が強すぎる時や2ヵ月以上経ってもまったく家から出られないような時には専門家への相談を勧めましょう。

　また、打ち明けてから急に症状が強くなることも稀ではありません。保護者の方から不眠や悪夢などの相談を受けた時には、専門家への相談も勧めてみましょう。保護者のほうが不安になり、子どもに影響していることもあります。相談することで親子とも落ち着くことはよく見られますし、初期の強すぎる症状には投薬も効果があります。

　また、上記のように子どもの場合には生理的防衛がもっとも強く働き、興奮状態になったり、攻撃的になったりすることもあるため、弱くて怯えている被害者という社会から求められたイメージに合わないことが多いものです。始めから周囲に知られている時には、そのために周囲とうまくいかなくなってしまうことがあります。そのようなイメージ自体が被害者を苦しめるのです。教師自身がそのようなイメージに左右されることなく、友達関係の支援も行いましょう。

　被害者が持つ無力感を改善するためには、能動的にできることを探すことも意味があります。たとえば、他の子が被害に遭あわないような対策に協力するなどといったことです。とくに保護者の方にとってはそれが大切な時があります。学校としても積極的に応援しましょう。

c）長期的な対応

　初期の反応は多くの場合2〜3ヵ月以降、徐々に少なくなっていきますが、なかには長期にわたって支援が必要な子どももいます。また、事件の話を聞いたりすることで反応がぶり返すこともあります。安心でき

る環境では、子どもは自分を表現して自ら心の癒しを計ります。つねに子どもの自己評価を高めるような働きかけをし、自己表現を受け止めましょう。

(2) 警察との関わり

　警察の事情聴取が二次的な心の傷になることはよく指摘されています。十分なサポートの基になされる必要があります。恐いことをした人を捕まえてもらうことは自分のためだけではなく、他の人を救うことになるという達成感も重要です。低年齢の子どもの場合には、事情聴取の部屋や女性の警察官に聞いてもらうなどの工夫をしてもらいましょう。

(3) マスコミとの関わり

　大きな事件になると、マスコミが関わることがあります。被害を受けた子どもや親の意思を尊重しましょう。また、学校が何らかの形で事件に関わっている場合には、被害者の気持ちを一番に考えて対応しましょう。良かれと思ってマスコミに話したことが被害者を傷つけることもあります。

4．被害の種類による特徴

　犯罪被害はそれぞれで特徴があります。
　①**暴力被害**：恐怖が強いものです。また、男の子にとってはとくに負けた恥ずかしさがあります。そのような気持ちに配慮しましょう。
　②**性被害**：子どもが性被害を受けることは多く、ある調査では、小学生以下の女子の6.4人に1人が被害に遭っています。また、罪悪感や自信のなさに結びつくことが多く、打ち明けられずにかなり後になって精神的問題に結びついたりするので、注意が必要です。性被害は男の子にもあります。男の人からの被害の場合には同性愛の不安が高まることも

あります。性被害は打ち明けられて始めてわかることが多いものです。打ち明けた時の大人の対応が非常に重要です。性被害の場合にはできるだけ専門家に相談することが望まれます。

　③**誘拐被害**：非常に強い恐怖の体験にもかかわらず、子どもは適応しようとする能力が高いため、犯罪者の側にたった行動をとってしまったり、何事もなかったかのように振る舞ってしまうことがあります。被害に遭っていた時を忘れてしまうことも少なくありません。多くの場合周囲が知っていますので、可哀想と思う気持ちがレッテルにつながり、くいちがいを生みだすことがあります。

　④**家族全体の被害**：子どもが犯罪にあった時心の傷を癒す場は家族です。にもかかわらず、家族全体が被害に遭った時には、家族全体が心の傷を負ってしまうので、子どものほうが家族に心配をかけまいと思い、自分の傷の癒しができないこともあります。さらに、被害後のさまざまな出来事が子どもにとって更なるストレスとなります。その点にも注意しましょう。

　⑤**集団での被害**：学校の友達同士が集団で被害を受けることもあります。同じ被害を受けても心の傷つき方はまったく異なります。他の子どもと違うからといって気にすることはありません。その子や家族に合った形での癒しが必要です。

5．家族や知人の死

　犯罪によって家族を亡くす場合があります。子どもにとって家族の死はもっとも重大な出来事です。なかなか死を受け入れることができず、無視をしたり、悲しみを感じないようにしてしまったりすることもあります。子どもたちは自分のせいにしがちで、犯罪の場合には、自分が守れなかったことに罪悪感や無力感が大きくなります。その点を理解して対応しましょう。また、親が殺されるところを目撃した場合にはもっと

も重大な心の傷になります。まず、専門家に相談することを勧めましょう。

　知人が殺されることも子どもには強い恐怖です。とくに子どもが被害者の時には、不安が強まるものです。死を受け入れるための儀式への参加や花や手紙を具えることは役に立ちます。また、自分だけではなく、親が殺されるのではないかと不安になる子もいます。そのために授業に集中できなくなることもあります。十分に話を聞いてあげましょう。

6．加害者への感情

　多くの子どもたちは加害者に対して怒りと同時に恐怖感を持ちます。加害者や似ている人の前ではすくんでしまいます。加害者が警察に捕まることは子どもにとって大きな安心であり、悪いことが放置されないことへの納得になります。できるだけ告発して捕まえてもらうことが望まれます。また、加害者に対する怒りを持つことも当然であり、認めてあげることは大切です。しかし、罰するのは警察の役目であることをきちんと伝えましょう。

7．おわりに

　犯罪被害にあった子どもはさまざまな心の傷を負います。現在、各県の警察には犯罪被害対策室が設けられています。不安があるときには相談してみましょう。

（奥山　眞紀子）

第5章

他機関との連携・活用

第1節　医療機関の活用の仕方

　児童・生徒の問題の質が深刻であるほど、専門機関との連携は不可欠です。なかでも医師との連携はその中心となります。ここでは、学校が医療機関との連携の際に心がけておくとよいことについて考えてみたいと思います。

1. 医師にもそれぞれ専門があること

　すべての学校に学校医がいるわけですが、精神的問題や心理的な発達を対象にした学校医を置いている学校は稀です。とくに児童・思春期の生徒の問題行動について、大半の医師は専門外です。精神的な問題に対して、専門外で独自の自己理論を主張される医師もいますが、そうした自己理論は必ずしも有用なものではありません。小児科や内科の医師で、子どもの心理的問題に対して専門的な理解のある医師が少数であることは知っておいたほうがよいでしょう。正確な専門領域を尋ね、専門外については専門医を紹介してもらうようにすることが必要です。精神科においてさえも、児童精神医学の専門家（児童精神科医）は多くはいません。よく経験するのは、教師が精神科医に相談したら「病気ではないといわれた」という内容です。こうした場合、ほとんどがその精神科医は精神病ではないという意味で子どもの精神医学的理解を伝えようとしているようです。しかし、言われた教師は病気ではないのだから怠けているのだと勘違いしてしまうことがあります。だれが地域のなかでの子どもの心理的・発達的問題の専門医なのかといった情報を、まず手に入れておくことが重要です。

2. 学校を批判する医師ばかりではないこと

　学校に対して批判的な医師がいるとしても、それは多数ではありません。専門医は、教師が学校のなかでどういう教育活動を行っているかについて正確なところを十分にわかっているわけではないのです。しかし、教師側と正直な状況を話し合うなかで、実際的で有効な介入の仕方を提案することが可能です。教師は教科教育の専門家であり、心身についての専門家である医師と専門家同士の連携をとるために、同じ土俵の上で話し合うことが重要です。どちらが上だとかといったライバル意識や、何か叱責を受けるという迫害的な不安のもとでなく、現実的な関係を取り結ぶように努力すべきです。

3. 治療についてきちんと説明をしてもらうこと

　医師が専門家として何ができ、何ができないかをしっかり聞いておくことは大事です。医師は魔法使いではありません。現実的でない期待や恐れを持つと、うまく医療機関を利用することができなくなります。とくに薬物療法については、薬に過度の不安感を持っている教師が多いようです。たとえば、注意欠陥多動性障害（ＡＤＨＤ）などの行動面での問題に対する薬物療法の場合、効果判断に際し、主たる問題の発生の場である学校においてどのようなようすなのかを、教師から両親経由で主治医に伝えるというような役目があり、教師側が、どういう変化がありえるかといった点について医師からしっかり聞いておくことが重要です。もし、教師側から見て、子どもが服薬を始めるようになって日常の意欲もなくなり授業中も寝てばかりいるというようすであったら、薬物療法が駄目だというような短絡的な理解の仕方でなく、すぐに処方している主治医に連絡を取るようにすべきです。過剰な期待をしすぎるのも

同様で、薬が著効したとしても教師としての指導自体の大変さがすべてはなくならないことが大半なのですから、期待をしすぎず、わからないことがあれば相談してみるという態度が望ましいでしょう。

　教師のなかには「診断なんてどうでもいい」という人もいますが、診断は非常に重要であり、まさしく医師の仕事です。診断とは、子どもの問題の中心部分がどういう内容であるか、そして、どういうことが今後予測できるかを医学的に明確化することです。たとえば、ある子どもの問題行動を、すぐに親の育て方の問題と決めつけて考えていくことが好ましくないことも少なくありません。一見、教師にはそのように思えても、実は高機能自閉症で、生来の社会性の障害が原因であったといったことは、稀ではありません。専門家の目を通してのみ、本当に重要な理解が得られる内容もあります。教師を何十年していようがわからないことはあるはずです。子どもの理解できない行動について、中核となっているのは何なのかは、専門家の意見をしっかりと聞いておくことが重要です。

4. 医師と教師のスタンスの違い

　教師の場合、教科教育だけでなく生徒指導、教育相談、時には家庭状況の相談まで受けることになり、日常生活の非常に多くの部分で子どもと接することになります。そうすると、基本的に子どものことは何でも把握しておきたいという気持ちが強くなります。たとえば、教師を避けてしまう不登校生徒が医療機関を受診した場合、医療サイドに本人が学校に行くことに関してどう思っているかなどを聞きたがる教師が多いのです。しかし、児童・思春期の臨床では外来場面で話したことの秘密が守られるということは重要なことで、（現実と切り離されているという意味での）非日常性こそが治療設定の重要な部分です。したがって、教師が病院を訪れても教師が知りたいことが教えてもらえないことはある

でしょうが、そういう場合では「教師としてできることがあれば伝えてほしい」旨、両親を通して伝えておけばよいのです。子どものプライバシーは守りながらも、教師と医師との連携は可能です。ただし大前提として、子ども本人と両親の許可なしに医師は教師とは会えないし、情報を提供することができないことは心得ておいてください。子ども本人と両親、医師、教師との協力のなかで問題は必ずや好転していくものです。

5. 児童・生徒自身が治療にいかなくても、教師の対応についての相談（コンサルテーション）が受けられること

　本人が治療を受けないと意味がないと思っている教師が多いのですが、問題意識をもって生徒と関わる教師自身が相談を受けることも十分な効果を期待できる場合があります。スクールカウンセラーや教育センターなどで専門医に相談できるような枠組み、あるいは研究会などがある場合は積極的に活用すべきです。子どもの示している問題によっては、熱心な専門医は子どもに対する治療的介入を関係者が理解し合ったうえで有効に機能させるために、教師に対するコンサルテーションを行う場合もあります。しかし、子ども（医師側から見たら患者）が来院しないと医療にならず保険点数は取れないため、医師の無償のサービスとなってしまいます。専門医が極めて少なく、非常に多忙な現状を考えると、なかなか期待することが難しいのも事実です。その場合でも、子どもの両親を通じて、あるいは子どもに簡単な手紙を持参してもらい、教師がどうしたらいいかについて助言をもらうことも可能です。これは教師側から言い出さないと、ほとんどの場合医師側から働きかけてくることはありません。

　生徒を含む人間集団のなかに教師も入り込んでいるので、教師の関わり方で生徒の心の動きや所属している集団の力関係に影響を与えることができ、結果として有効な介入が可能になることもあります。教師がそ

ういう力関係に入り込んでいるので、第三者の目、それも専門家から教えてもらうことは非常にメリットが大きいのです。わかったつもりになっている場合、本当に重要なことを見逃していることはよくあることです。

　基本的に、いくら自分の担任クラスの児童・生徒だからといってすべてを抱えこむ必要はありません。周囲の大人が自分の役割を自覚し、協力し合うことが重要です。「重い神輿（みこし）は皆で担ぐ」のが大事で、心ある医師は必ずや神輿の片棒を担いでくれるはずです。

（辻井正次）

第2節　保健所・保健センター

1．学校と保健所・保健センター

　一般に、教育現場にいる先生たちにとって保健所や保健センターは普段からおなじみのところではないようです。「食中毒」「エイズの検査」「犬の予防接種」など、学校とは無縁そうな連想が先に立つ人も多いでしょう。生徒たちの心理的問題に関する連携先としてすぐには思い浮かばないかもしれません。また連携のパートナーとしてまずあげられるとすれば、保健所・保健センターの顔である「保健婦・保健士」（以下PHN＝public health nurse）になりますが、生徒を取り巻く一人としてPHNをイメージすることも難しいでしょう（保健所長は医師ですが、多くは精神科医ではありません）。しかし、子どもは学校では「児童、生徒」の一人ですが、その一方、地域では「住民」の一人であり、また学校保健法の対象であると同時に地域保健法の対象でもあります。ですから子どもに関する社会資源の一つとして、保健所、保健センターとそこで働くPHNの働きを知っておく必要があります（なおここでいう保健センターは「精神保健福祉センター」とは別の施設です。精神保健福祉センターは、複数の常勤精神科医がいたり病床を持っていたりと医療機能をそなえたものですが、都道府県に一つずつ設置義務があるとされ、地域の資源という意味では役割が違うのでここでは省きます）。

2．保健所と保健センターの役割

　都道府県立（他政令都市、特別区立を含む）の保健所はおおむね人口

20万人に一つ設置され、管轄の地域内の公衆衛生、保健に関する情報収集、調査や専門的、技術的な業務を行っています（2000（平成12）年、594ヵ所）。

　しかし従来保健所が最先端の行政機関として役割を果たしてきた公衆衛生活動も、とくに対人保健分野で多様化、高度化し、需要が高くなってきたため、厚生労働省は1978（昭和53）年度から市町村立の保健センターの整備を進めてきました。1994（平成6）年に地域保健法で法制化された保健センターは市町村に一つ設置され、地域住民により身近で頻度の高い保健の対人サービスを行うことになっています（2000（平成12）年、1,630ヵ所）。行政機関の保健所に対して、健康づくり推進の「場」として位置づけられています。最近の傾向として、保健センターが実務的に対応し、保健所はそれを指導、技術支援するというふうに役割分担する部分が増えてきました（たとえば母子保健法の移譲により、3歳児健診は保健所から保健センターへと実施主体が変わりました）。

　そのなかで、母子保健（療育教室の開催、乳幼児健診とその後の個別相談など）、老人保健（痴呆の相談、寝たきり老人の訪問など）、精神保健福祉（精神障害者の社会復帰、家族会、断酒会など）といったさまざまな分野で最前線に立ち、直接住民に接しているのがＰＨＮです。ＰＨＮの業務の半分は家庭訪問に占められていて、家庭の環境、家族背景や地域での立場なども含めて住民のおかれた状況をよく把握しています。また現在、乳幼児健診の受診率は95％を越えており、一度も保健所や保健センターに行ったことのない母親は少なく、児童相談所や精神科医療機関に比べると、家族にとってＰＨＮへの相談は抵抗が少ないことも特徴です。では教育現場にとってＰＨＮと連携を持つとすればどのような場合があるのでしょうか。

3. 生徒個人の相談業務に生かす場合

　以前、ある養護教諭が、保健室によく来る女子生徒が、その訴える内容から心身症の一つである過敏性腸症候群ではないかと気づきました。内科医である学校医は胃腸障害でないことは検査で確認してくれましたが症状の改善には至りません。しかし家族も本人も精神科の外来受診をためらったため、養護教諭はいっしょに保健所へ相談にいきました。相談を受けたPHNはその地域で児童外来を担当する精神科医に連絡し、精神保健相談として保健所の健診室で診察が行われるようにとりはからいました。診察の結果、病気の成り立ちや治療の内容の説明を受け納得が得られたため、病院受診、継続通院に導くことができました。

　これは筆者が経験した連携の一例ですが、まず、この例のように「こんな生徒はどんな医者にかかるようすすめたらいいのか」という情報源として活用することもできます。PHNは医療機関との連携を通して、どこの病院にどんな分野を専門とするスタッフがいるかをよくつかんでいるからです。

　また健康相談や精神保健相談業務を通して医療へつなげるかどうかの振り分けに利用することもできます。とくに精神疾患関連の場合にはなじみのないことや偏見があり、直接医療機関に行くことには本人だけでなく家族も抵抗があったり、教師側も確信を持ってすすめられないこともあるでしょう。そのような場合に連携をとることが役立つと思われます。

　つぎに、すでに幼少時期から保健センターや保健所が関わっていることが多い精神発達障害児の場合があげられます。乳幼児健診での発達のチェック、事後教室の主催、療育や医療機関への橋渡し、福祉制度の紹介、児童相談所の出張判定のセッティングなどに加えて、訪問も含めた育児相談を通して就学まで親子を継続して援助しています。しかしその

関係は、就学にあたって必ずしも小学校サイドに十分引き継がれるとは言えません。ＰＨＮも学校でのその後のようすは詳しく知らないことが多く、ここでの申し送りは、もっとすすめられてもよいのではないかと思います。とくに乳幼児健診や就学前健診では引っかからず普通クラスへ進んだ軽度の発達障害の子どもたちも（たとえば高機能自閉症や注意欠陥多動障害など）、ＰＨＮが保育園などへの巡回相談のなかでは対応の難しい子としてとらえていたのに、ということがしばしばあるようです。学校側へ配慮を要請できる申し送りのシステムができていれば、担任の配置やクラス編成に対する工夫や疾患理解があらかじめなされることで、スムーズに学校生活を始めることができるでしょう。「小学校の先生に下手にお願いしてかえって偏見の目で見られるのでは」と心配する母親も、「去年就学した似たようなお子さんがこんなふうに対応していただいていますよ」とＰＨＮから説明を受けることができればどんなに心強いことでしょう。

　その他、学校に関連して子どもに起きている問題が、実際には介入の必要な家族問題と大きく関係している場合があります。数年前、ＰＨＮの紹介で家族療法を受けに来た小学６年生の女の子は拒食症でしたが、背景に父親の母親への暴力がありました。本人の体重減少を心配した担任が、個人懇談で母親があざだらけであることに気づき、「お母さんも元気がないようなのでいっしょに保健センターの栄養相談を受けてはどうか」とすすめたことが、ＰＨＮへの相談のきっかけでした。子どもの問題が家族内のもっと深刻な問題を引き出すための導入の役割を担っていて、たとえば不登校が起きてくる背景に、父親のアルコール依存や老人介護での家族疲労などが隠れているといったことは稀ではありません。そのような場合には、子どもは家庭のＳＯＳを代表して表現しているのですから、「登校刺激をせず、ようすを見ましょう」と静観しているだけでは不十分な結果しか期待できません。

　しかし生徒へのカウンセリングや家庭訪問のなかでそのような環境因

子に気づいたとしても、教師はあくまでも子どもの学校関係者の立場として関わっているのですから、正面から介入することは難しく、また無理に介入して巻き込まれてしまったり、家族との信頼関係が変化する危険もあります。このように生徒個人の問題としてのみでは解決できない時に、ＰＨＮに家族全体の相談に入ってもらうのも一つのアプローチの方法となります。

4．児童生徒全体の精神保健に関する場合

　また「事例検討会を開きたいがどんな人とどうコーディネートできるか」「親子関係に関する講演会を開くがどんな話題がよいか、このあたりで最適な講師は」といったことにもアドバイスを受けることができます。啓蒙活動の企画や医療機関との関係から、地域での人材の配置や機関の得意分野が把握されていることが多いからです。そのような企画そのものに連携をもつことも期待されています。成人の健康問題を扱うなかで、将来のために児童期、思春期にぜひ学校生活の中で身につけておきたいことや、知識として知っておいてほしいことのアイデアをＰＨＮは持っています。たとえば住民健診で見つかる肥満の問題は、子どものころからの食生活との関係が重要であるとして、家族全体としてのフォローを、学校検診を扱う養護教諭と連携して行っている地域があります。心理発達に必要な家庭教育や家族機能が食卓の場に求められていることが同時に念頭に置かれています。その他、成人になったときの精神保健に密接している問題として、性機能や子育て、嗜癖に関する教育も、学校年代から連続性を持って行われることが望ましいことと思われます。

5．今後の連携にむけての期待

　学校と保健所、保健センターの連携は難しいという前に、まだ十分に

検討がされていない段階にあることが多く、また、活発な地域とそうでないところとの差が大きいとも言えるでしょう（出生数や学校の規模などの地域の特性も関係してるのですが）。実際に関係がよくとられているところも、教師とＰＨＮの個人的な信頼関係が軸になっている場合が多いように感じます。しかし、どちらも転勤の多い職種であるため、お互いのつながりは継続されにくい弱さがあります。子どもたちとの接点がより広い学校が、組織的に協力していく機関として、保健所や保健センターをもっと認知すれば、活用の幅も広がると期待されるのではないでしょうか。

（若子理恵）

第3節　児童相談所

1．児童相談所とはどんな所か

　児童相談所は、児童福祉法第15条に基づいて各都道府県、政令指定都市に設置された行政機関で、全国に174ヵ所あります。18歳未満のすべての児童が心身ともに健やかに育ち、持てる力を最大限発揮できるように児童やその家族などへの援助を目的としています。

　児童相談所では子どもの福祉に関する各種の問題について、子どもや家庭などからの相談に応ずるほか、学校や病院・警察など関係機関からの相談や通告、家庭裁判所からの送致を受けて援助活動を始めます。

　その相談内容は多岐にわたり、①いわゆる不登校やいじめなどの相談、②自閉症や精神遅滞・重症心身障害など発達の相談、③非行相談、④子ども虐待を含む子育ての相談、⑤育児に関する相談や保護者の入院・家出など（家族環境）による養育困難な子どもの相談、そして⑥養子縁組に関する相談などがあります。これらのうち①②については、医療機関や他の相談機関でも治療や相談が行われており、同じ問題でもそれぞれの機関の特性により提供できる内容に違いがあります。③については、警察の管轄である少年補導センターでも相談援助が行われています。④については、保健所（2000年から、統合により保健福祉事務所と名称変更の所もあり）・保健センター・医療機関などでも相談援助・治療が行われており、とくに機関連携が重要になる問題です。⑤、⑥についてはどちらかというと児童相談所独自の援助活動といえます。どの相談が主要な部分を占めるのかについては、時代の影響やその児童相談所の置かれている地域の特性によって違いますが、この数年はとくに児童虐待の

問題が大きなウエイトを占めており、2000（平成12）年5月に「児童虐待の防止等に関する法律」が成立し、同年11月20日に施行されました。これにより、教師・医師・弁護士らに児童虐待を早期発見し、通告することが義務づけられました。

2. 児童相談所の活動の特徴と独自の機能について

　上記の相談への援助活動として、児童相談所が有する独自の機能（権限）について整理してみると、①障害の相談と福祉サービス利用（療育手帳の発行に伴う判定など）、②非行・情緒障害・精神遅滞・心身障害、あるいは家庭機能が崩壊した状態にある児童を施設に入所あるいは通所させる措置権を有することなどがあげられます。

　これらの機能を果たすために、児童相談所は所長以下、児童福祉司、心理判定員、精神科医師、小児科医師、看護婦、指導員、保育士、総務の職員で構成されています。しかし、このなかで常勤の医師がいる所は今のところ少なく、非常勤対応の所が多い状況です。

　ここで医療機関との比較で相談活動の特徴を見てみると、医療機関は医者を中心にして医学的治療（薬物療法や精神・心理療法など）を提供し、児童相談所では、児童福祉司や心理職を中心に相談に応ずる（ケースワーク、カウンセリング、心理治療など）体制にあるということになります。したがって①相談は無料で、②子どもの問題を生活全体からとらえる視点をもっており、③子どもの病的な部分に焦点をあてるのではなく、むしろ健全な発達を援助するという側面が強く、④必要に応じて家庭や学校などへの訪問を行い、機関連携を重視していることがあげられます。

3. どのように児童相談所を活用(利用)するか

　まず上記のように①諸福祉サービスについて情報を得たい時です。ついで、②いわゆる「措置権」の執行が望ましいと思われる場合、すなわち、児童虐待など子どもの権利が著しく侵害されている場合や非行事例など、現在の家庭環境や仲間との関係から当面離れることが望ましいと考えられ、医療の適応にはならないような場合です。また保護者の入院や家出、あるいは逮捕など緊急的保護の必要がある場合もあります。さらに、③精神科などの医療機関は敷居が高い場合が多く、その前のステップとして、医療機関にかかる必要があるかどうかの判断も含めて利用する場合、④子どもや家族に相談を進める前に教師のみが相談をしたいときなどがあります。

　最近は児童虐待などで、子どもが教師に虐待の事実をうちあけることが少なからずあり、また学校がその子の唯一安心できる場所であったりと、学校との協力がなくては子どもを守れない事例が増えており、連携を強める試みがなされつつあります。

4. 措置などのために児童相談所が持っている機能(一時保護所)

　中央児童相談所には一時保護所が設置されています。その機能としては、緊急保護、行動観察、そして短期治療があります。子どもは約3週間をめどにそこで生活をしますが、その間、保護の目的にそって子どもの行動観察や心理判定、医学的診察や、家族の調整などが行われます。たとえば、施設入所が適切だと考えられている子どもの場合、児童養護施設、情緒障害児短期治療施設、児童自立支援施設のどこがより適切なのかとか、あるいは医療機関の関与が必要か、また施設入所後にどのような援助(心理治療など)が必要かなどが検討されます。また施設入所

の目的ではなく、一時的に保護所に入所させる場合もあります。そのときのメリットは、家庭や学校と距離をおくことでお互いに休息の時間が持てて、その間に親子の間や学校との調整をはかることがあります。また援助者にとっては子どもや親の違う側面を知ることができ、子どもや家族への理解が深まり、在宅での援助を有効に展開できることになります。この間、子どもの状況にあわせて学校の教師の面会も行われ、それが関係性を変えることにつながることもみられます。

　一時保護所の性格や利用状況は、つねに定員一杯で緊急保護性が強い所や、利用数が少なく短期治療的な関わりができる所など、地域によってずいぶんと違いがあります。

5．児童相談所と連携する時に知っておいたほうがいいこと

　何度も述べてきていますように、各地域での児童相談所の動きに違いがありますので、そこの児童相談所を普段からよく知ることがまず必要になります。地域によっては、電話相談を始め、子どものグループ活動や不登校の親の会など、個人への援助以外の活動がなされている所もあります。

　ついで、お互いに過剰期待や逆の過小評価をなくす努力がいります。その際知っておきたいことは、児童相談所で事例の相談を受けたとき、子どもや家族のプライバシー保護の観点や治療関係の必要上から、すべての情報を共有できないこともあるということです。このことは児童相談所に限らず他の機関との関係でもおこることです。そういうことを理解したうえで、信頼関係ができるのが真の連携だと思いますが、なかなか一朝一夕にできることではありません。

　さらにいわゆる事例の「丸投げ」はお互いに慎むようにしたいものです。相談機関にいて気づくことは、学校でぎりぎりまで事例を抱えどうしようもなくなってから紹介され、あとはそちらでお願いしますという

ケースが少なからずあることです。このことは連携がうまくいかない要因になりますので、早い段階でお互いに相談をしながらすすめていく努力をしたいものです。一方、地域によっては、児童相談所側の動きがスムーズにみえない場合もあるかと思います。その場合は直接の担当者にこだわらず、その所属課の長にコンタクトをもつことで調整できることがありますので、遠慮せずにアプローチすることが大切でしょう。

　また事例によっては、学校などの関連機関とのケース会議が持たれる場合が少なからずありますが、その場合は所属長に文書で担当者の参加を要請するほうがよい場合もあります。

　以上、児童相談所の活動と活用について簡単に紹介しました。子どもたちのために児童相談所の機能が充実され、教育と福祉、そして医療の連携がうまくいくことを期待したいものです。

（岡本正子・鈴木基司）

第4節　警察との連携

1．最近の警察の変化

　警察は歴史的に社会防衛がもっとも重要な目的であるため、社会の安全を守ることが最優先されてきました。個人の権利を守る視点は最近になって少しずつ注目されてきている段階です。とくに、家庭内や男女間で起きる暴力にはあまり対応してこなかったのですが、近年の「児童虐待」や「夫から妻への暴力」への社会的関心の高まりから、家庭内の問題にも積極的に関わるように変化が始まっています。
　犯罪被害者への対応も近年、警察が力を入れている問題です。加害者を取り締まるだけではなく、被害者の心理への配慮が求められているからです。被害を受けた子どもへの対策も重視されています。また、性被害などに関しても、これまでは警察の事情聴取自体が被害者の二次的トラウマ（心の傷）になることが指摘されてきましたが、最近では性被害者の心理に詳しい女性警官が対応するなどの配慮がなされるようになってきています。
　また、警察は強い権力であるために、一方では権力の乱用にならないような配慮が求められています。その影響もあり、これまでは個別の問題に対しては、何らかの被害が出る前に予防的に関わることは二の足が踏まれていました。しかし、この点でも他の機関と連携して事件を未然に防ぐ必要があることが少しずつ認識されるようになってきました。
　ただ、社会の多様化で警察の仕事も増加していますので、警察としても起訴できる見通しがない捜査を避けたいものです。とくに現在では申告罪である強姦罪や強制わいせつ罪などに関しては、告訴の意志がない

と捜査がなされないことが多いのが事実です。しかし、本来は捜査と起訴は別です。引き続く被害を食い止めるために、本人や親が告訴をためらっていても、捜査だけは学校からもお願いすることが必要になることもあります。

最近、児童売春、児童ポルノに関わる行為などの処罰及び児童の保護などに関する法律が施行されました。たとえ子どもが同意をして金品と引き換えに性的行為を行っても、それを行った大人に責任があることが社会のコンセンサスになってきているため、警察も子どもを性の被害から守ることに真剣になっていかざるをえないと思われます。

2. 警察の機構

ふだん学校が連携するのは、主として地域の警察署の生活安全課でしょう。市民生活の安全を守ることが目的とされる生活安全課は、少年の補導も担当します。少年に関しては罰を与えるより保護することを目的として対応がなされてきました。さらに現在、子どもの複雑な心理や家族などの環境の問題に目を向ける必要が高まり、そのような研修を強化させる県も少しずつ増えてきています。

それに対して刑事課では、犯罪を犯した人を取り締まることが目的となります。したがって、何らかの事件があり、被害が存在する状態がないと捜査は始まりませんし、前述のように、起訴の見通しが立たないと捜査が行われない傾向もあります。

都道府県の警察本部との連携が有効なこともあります。多くの警察本部では少年課に心理士を配置し、少年の問題の相談に乗っています。直接の来所相談に加えて、電話相談を行っているところもあります。

3. 学校が警察と連携する場合

　学校が警察と連携するにはいろいろな場合があるでしょう。以下にいくつかの例をあげ、それぞれについて考えてみましょう。

(1) 生徒が加害者となったとき

　他者に暴力を振るったり、金品を取ったりという加害を行ったとき、学校では警察に届ける必要が出てくることがあります。そのような子どもたちに現実と直面させ、社会に生きる人間としての枠組みを形成させるために、警察と連携することは決して恥ずかしいことでも敗北でもありません。問題が最悪化する前に積極的な対策を取ることが大切です。ただ、自分たちの手に負えないからとか、怒りから罰を与えようという目的で警察の力を使うことは良い結果が得られません。あくまでも子どもをそれ以上の犯罪者にして他人や自分を傷つけることを避けるための積極的手段であることを意識し、子どもにもできる限りそのメッセージを伝えることが大切です。

(2) 触法・ぐ犯少年に関して（薬物、家出など）

　だれかに被害を与えなくても、薬物の使用や家出などは子どもに危険が及ぶ出来事です。とくに薬物乱用の場合は必ず警察に届けるようにしなければなりませんが、その背景として家庭内の問題や友達の問題などが絡んでいることが少なくありません。子どもの話をよく聞きその背景を探ることが大切です。

(3) 生徒が被害者となったとき

　校内や登下校中に子どもが被害を受けることがあります。それが交通事故や暴力や性的なものなど恐怖を伴うものであるときには、子どもの

心の傷は非常に深いものがあります。不安の他にも罪悪感や恥ずかしいという感情が伴うことも多いものです。目撃だけであったり、傍目にはささいなことと思われることでも、子どもにとっては非常に強い恐怖体験となることもあります。事情聴取や現場検証などでさらに不安が強くなることも稀ではありません。そのようなときには、日頃接している先生方が子どもの変化について警察に告げて配慮を促したり、子どもに付き添ったりすることで安心させてあげることも大切です。逆に、被害を受けた子どもの心理についてわからないとき、警察の被害者センターなどに相談をし、示唆を得ることができます。

(4) 虐待を受けている子どもへの対応

　覚醒剤中毒者の虐待や激しい暴力的虐待への対応や虐待を受けて徘徊する子どもへの対応のために、警察と連携する必要性が生じることがあります。そのような虐待の場合には児童相談所や保健所とも連携しながら、それぞれの役目と行動計画を明確にし、子どもの心身の安全を守るべく行動しましょう。

(5) 脅迫などから生徒や先生の安全を守る

　先生や生徒への脅迫があったときには警察に協力を頼むことに躊躇しないほうがよいのです。ストーカーなどの問題に関してはまだ恥ずかしいという気持ちがあったり、離別した親からの脅迫があるようなときには、まさかという気持ちや家族の問題であると敬遠してしまう気持ちになることもあります。しかし、これは誰にでも起こり得る問題であり、恥ずかしいものではありません。子どもや教師の安全を第一に考えた対応が必要です。

4．連携のポイント

　連携は人と人とのつながりですから、日頃からコミュニケーションをよくとり、相互理解を深めておくことが大切です。一般に行われている学校と警察の連絡会なども警察からの形式的な報告に終わらせず、本当に困っている問題に関しての意見を交わすことができる場にする必要があります。

　上手な連携のもう一つのポイントは、相手の見方を尊重することです。同じことを見ていても視点の違いでまったく違う見解となります。考え方や手法の違いを尊重する姿勢が大切です。そのうえで自分の視点も相手にわかるように説明し、率直な意見交換ができるようにすることが求められます。そうすることで、警察というシステムの特徴を知ることもできます。たとえば警察と司法は法を基礎に行動していますが、その目的やシステムはまったく違うものです。その違いも認識しておきましょう。

　また、どこの組織でもありうることですが、警察も忙しい日常業務のなかで、組織内の連携がうまく行われないことがあります。たとえば、子どもが何らかの被害を受けているとき、刑事課では立件できないことから対象とならない事例でも、子どもや地域の安全という視点から、生活安全課の対応が有用な場合もあります。そのようなときには改めて連携を仕切り直すことも役に立つことが多いものです。

　さらに、二者間で行きづまったときやその後の司法の流れも含め警察と対応することが必要なときには、弁護士に相談することで理解が促進されることが多いものです。市町村や県には顧問弁護士がいます。またさまざまな民間の権利保護にかかわる団体も弁護士とのルートを持っています。子どものために積極的な活用が求められます。

（奥山眞紀子）

第5節　PTA

1．はじめに

　日本のPTAは、1946年、米国教育使節団報告書において、「児童の福利を増進し教育上の計画を改善するために、両親と教師との団体組織の助成」として、市町村の教育行政への提言により発足しました。つまり、米国の発案による国の行政指導によって生まれたものであり、国民の側から自然発生的に生じてきたものではありません。そのためもあってか、発足後50年以上経過した現在においても、その機能を十分に発揮しているとは言い難いのです。

2．子どもを取り巻く環境の変化

　戦後、地域社会は急速に衰退し、地域の地縁的・血縁的結びつきの希薄な核家族が登場してきました。その結果、各家族は地域社会の束縛から開放され、自由でのびのびとした家庭生活を送ることができるようになりました。その反面、地域社会の支えを失い、家族内の問題を家族のみで解決しなければならなくなりました。これに適切に対処できないと、そのイライラや不安は親の育児ノイローゼとか児童虐待といった現象を生み出したり、逆に子どもの教育に過度に熱中することによって、不安から逃れようとする親も増加してきました。どちらにしろ、子どもの健全な成長を妨げることになります。
　また、子どもの教育を担う学校も、受験競争という社会風潮のなかで、「育」よりも「教」に重点を置いた教育をすすめざるをえず、必ずしも

子どもの心を十分に支え育くんできたとは言い難いのも実状です。

　かつての時代は、貧しさゆえに地域社会の人々は互いに支え合い、子どもも家族のみでなく地域社会の人々に見守られ育てられてきました。また、学校も「おらが学校」と呼ばれていたように、地域社会に根ざした学校でした。しかし、経済的に豊かになると、人々は他者の援助をそれほど必要としなくなりました。そして、地域社会や学校との絆を束縛と感じるようになり、家族は地域社会や学校から距離を取り、ドライで契約的な関係しか結ぼうとしなくなりました。この傾向は、とくに都市部で顕著に現れています。

3．現在のＰＴＡの問題点

　ＰＴＡの活動は、学校によってさまざまですが、第一に、保護者の社会見学、家庭教育セミナー、趣味の教室の開催などの成人教育。第二に、機関紙（広報誌）の発行といった広報活動。第三に、地域パトロール、地域行事への参加といった地域活動、その他廃品回収、ベルマークの収集、ＰＴＡバレーの開催といった活動を行っています。

　しかし、保護者と教師が協力して、子どもの幸せのために実のあるＰＴＡ活動が行われているとは言い難いのが現状です。その背景には、第一に、ＰＴＡ役員を快く引き受けてくれる保護者の減少により選出がむずかしくなっている。第二に、仕事をもつ母親が多くなり、ＰＴＡ活動に参加する保護者が減少傾向にある。第三に、教師の側も仕事の多忙化や勤務時間の関係で、ＰＴＡ活動に参加しにくい。第四に、前年度の安易な踏襲により活動内容に深まりや広がりが見受けられない、といった問題点があります。

4．PTAの果たす役割

　前述したように、家庭も学校も地域社会も、子どもを支え育んでいく機能が薄れ、価値観の多様化、情報過多の社会で生きる子どもは、まるで、羅針盤も与えられずにたった一人で大海に放り出されたような状況に置かれています。
　このような状況を打破するため、まず子どもに直接かかわる親と教師が協力し、子どもの健全な成長を保障するためにいかなる対応ができるかを真剣に討議し、早急に対策を講じなければなりません。すなわち、PTA本来の機能を発揮することが期待されているのです。PTAが中心となって地域の関係諸機関、たとえば、図書館・公民館・児童館・児童相談所・生涯学習センター・スポーツセンター・警察署などとの連携を深めると同時に、地域住民の協力を得られるよう努力する必要があります。文部科学省も中教審答申で「学校と家庭、さらには地域社会を結ぶ懸け橋としてのPTA活動への期待はますます高いものになっている」と、PTAの活性化に大きな期待を寄せています。これを実現化するためには、学校がリーダーシップを発揮し、保護者と力を合わせて、行政機関を初め関係諸機関の協力を得ながら、地域住民の理解と協力のもとに、子どもの教育を担っていかなければなりません。このような取り組みを通して、新たなるしなやかで自由度の高い地域社会を築いていくことが大切です。
　それには、教師は保護者や地域社会の人々とのフォーマルな関係だけではなくインフォーマルな関係を日頃から心がけることが大切です。つまり、保護者会や家庭訪問といったフォーマルな形での出会いだけではなく、教師は積極的に地域の行事や活動に参加し、保護者や地域住民とのインフォーマルな関係を深めていくことが非常に大事です。このような関係を通じて、教師や学校が抱えている問題や保護者・地域住民の願

いを相互に理解し、協力して子どもの教育に取り組むことが可能になります。最近、学校バッシングということが言われる背景は、学校と保護者及び地域住民との意思疎通に欠けるためと思われます。お互いによかれと思って言っていることが、きちんと話し合いが行われていないために誤解が生じ、相互不信に陥っているのです。このような状況ではＰＴＡ活動が活発化しないのも当然であり、子どもが一番の犠牲者になってしまいます。

（花井正樹）

【参考文献】
・青木一他：ＰＴＡ活動を考えよう．あすなろ書房，1993．
・下村哲夫監修：21世紀を築く学校．学陽書房，1997．
・高橋勝：学校のパラダイム転換．川島書店，1997．
・天野正子他：ゆらぐ家族と地域．岩波書店，1998．

第6章

学校のメンタルヘルス

第1節　教師のためのメンタルヘルス

1．はじめに

　教師が心を病むということはけっして珍しいことではありません。数字をあげると、1987年度には全国の公立学校の教師で心の病気により休職となったものが1,055名でしたが、その後この数字は確実に増え続け、1997年度には1,609名と過去最多の数字を示すに至りました。現代社会はストレス社会であるといわれますが、学校もまたストレスのかなり強い職場となっていることがうかがえます。第三者の眼から学校がストレスの強い職場となっている理由を考えますと、まずつぎの3点が思い浮かびますがどうでしょうか。第一に、わが国では教育者がつねに全身全霊を尽くして教職に没頭することが求められるという強い倫理性・道徳性を前提とした、緊張を強いられるエリート的職業とされてきたことです。第二に、学校は教師という単一の資格を有する人間が大半を占める職場であり、近年、教育活動における教師の個人的裁量の余地が著しく狭められてきたことから、ややもすると閉塞感の生じやすい職場となっていることです。そして第三に、わが国において近年公教育及び学校の社会的価値の相対化が急速に進行したことによって、学校における親や子どもの発言力が強まる一方で、相対的に教師の権威の著しい下落が生じているという教育環境の変化があります。
　本節では教師がどのような心の病気に罹りやすいか、自らの心の病気をどう受け止めるべきか、心の病気になった同僚にどう関わるべきかについて検討します。

2. 教師が罹患しやすい心の病気

　ある年度のA県の統計によれば、心の病気により休職中の教師につけられたもっとも多い診断名は「うつ病」で35％、ついで「神経症」の25％となっており、以下「自立神経失調症・心身症」23％、「精神分裂病・心因反応」16％などと続いています。この数字から教師に見られる心の病気として、うつ病、神経症、心身症がもっとも一般的であることがわかります。これら3種の病気は休職者のなかだけでも80％以上を占めていることから、より軽症と思われる療養休暇レベルで回復している層を加えれば、教師の心の病気の大半はこれらであると推測されます。それに対して精神分裂症や躁うつ病、あるいはアルコール嗜癖などは、数こそ少ないが教師という職業の継続に深刻な影響を与える重要な病気です。教師が心の病気に罹りやすい年代についてはさまざまな説がありますが、経験的には筆者は男女を問わず教職について数年を経過した若い年代と30代後半から40代半ばごろまでの年代、そして女性における出産・育児が開始する時期に多いという印象をもっています。

　以下代表的な心の病気について簡単に解説します。

(1) うつ病・うつ状態

　米国精神医学協会の疾病分類と診断基準（DSM－Ⅳ）の用語を用いると、気分障害のうちの「うつ病性障害」を指しています。うつ病性障害のうち「大うつ病性障害」はきちょうめんで熱心に仕事に打ち込み、自分を抑えて対人的トラブルを避けようとするといった性格傾向の人が、転勤、転居、昇進、親の死、子どもの結婚などのライフイベントを契機に発症することが多いとされています。その症状は激しい憂うつ感、不安・焦燥感、さまざまな身体症状、無気力、自殺願望、そして時に深刻な自殺行動などが代表的なものです。いわゆる"燃え尽き症候群"*と呼

べるような、仕事量やその厳しさが非常に強まる時期を何ヵ月ないし何年か過ごしたあとで、消耗してこうした症状が始まる場合も少なくありません。また「気分変調性障害」は抑うつ神経症とも呼ばれるように神経症のグループに属するもので、大うつ病性障害ほど激しくはないが年余にわたる憂うつ感や無気力感が持続するものをいいます。治療はまず適切な休養を保障することが優先されるべきで、それと同時に抗うつ薬を中心とする薬物療法と支持的精神療法や認知療法が行われます。自殺願望が強い場合には、入院治療も検討すべきです。

(2) 神経症

　神経症はDSM－Ⅳの「不安障害」「身体表現性障害」「解離性障害」などに含まれる病気をまとめた伝統的な用語であり、予期不安や対人恐怖など不安・恐怖感が主症状のもの、不潔恐怖や確認儀式などの強迫症状*が主症状のもの、体の病気ではない身体症状や身体症状へのこだわりが主症状のもの、もうろう状態や生活史健忘などを示すものなどが含まれます。またパニック障害は発作的な恐怖感とともに激しい動悸や発汗、胸痛などが出現する不安障害の1タイプですが、その出現の急激さやその後の生活における心理的苦痛の強さから忘れてはならない病気です。このような神経症は、基本的には人間なら誰でも持っている欲求である甘え、性欲、怒りなどをめぐる葛藤が悪循環的に心を占領し、その自由を拘束する病的状態をいいます。したがって神経症によって大きな社会的能力や人格上のマイナス変化は生じないとされていますが、神経質で完全主義的な性格や依存的な性格が顕著な場合、解決がのびのびになり克服に長時間を要することもあります。治療はさまざまな精神療法や認知行動療法が中心となります。抗不安薬や抗うつ薬などの薬物療法も併用されることが多く、とくにパニック障害は神経症の中でもっとも薬物療法への反応が良好とされています。

(3) 心身症

　基本的に体の病気ですが、その発症や治りにくさに環境的ストレスや性格傾向が大きく関わっていると判断されるものを指して呼んでいるもので、気管支喘息、消化性潰瘍、高血圧などが代表的なものです。多くはストレスに対する反応性、一過性の身体症状悪化にとどまりますが、神経症の一部がそうであるのと同様に症状が長引き、治癒に至るまで長時間を必要とするものも少なからず存在します。長期化した難治性の心身症は、専門的な心療内科における系統的治療を受けることが望ましいでしょう。

(4) 摂食障害

　摂食障害は、一般に拒食症と呼ばれている「神経性無食欲症」と過食症と呼ばれている「神経性大食症」に分けられており、いずれも主に女性が罹患します。神経性無食欲症は体重低下と痩身を求めて常軌を逸したダイエットを続ける状態のことで、単に体重が低下するというだけではなく、病的にやせた痩身の自分をなお「太っている」と感じるといった自己像認知の障害や、過剰に運動をしたり仕事に没頭するといった過活動を伴うことが多くあります。また女性の無月経をはじめ、低栄養状態による多様な身体症状が出現します。神経性大食症はある限られた時間に強烈な摂食衝動が出現して抑えがたく大食に走ってしまうことと、その大食の直後に必ず強い罪悪感や絶望感が出現し、自分で胃内容物を吐き出す、下剤を大量に服用する、過剰な運動を行うなどの形で摂取したカロリーを排出・消費する行動に没頭することがセットになって出現するという病気です。教師の間で見られる摂取障害の多くは神経性大食症ですが、その出現には教師という職業による強いストレスが関連しています。治療は精神療法を中心に、薬物療法、家族療法、行動療法などを組み合わせて行われます。低栄養状態が深刻な場合、入院治療の必要もあります。

(5) 精神分裂病・心因反応

　精神分裂病は被害的な内容を中心とする妄想、幻聴を中心とする幻覚、「他者に自分をコントロールされている」「自分の内面が他者に伝わっている」などの体験、支離滅裂な言動などの症状を特徴とする病気です。心因反応は、契機となる出来事があってまもなく幻覚・妄想、激しい興奮、錯乱状態などを数日から数週間示したあと、ほぼ問題なく元の状態に回復する病気をいいます。精神分裂病はいくつかのタイプがあり、それぞれ特有な現れ方をしますが、どのタイプでも病気の最盛期には健康な社会的能力、思考力や判断力、衝動統制などが著しく障害されます。したがってその間、抗精神病薬による薬物療法を中心とする適切な治療や十分な休養が必要です。また急性期症状が改善したあとも気長に薬物療法を続けることが、再発を防ぎ安定した職場復帰を果たすために必要です。症状が著しい場合には入院治療が必要になることもあります。

(6) 躁うつ病

　DSM-Ⅳで気分障害のうち「双極性障害」と呼ばれているもので、大うつ病エピソードと躁病エピソードの両方の病期を示す病気です。大うつ病エピソードはうつ病の項で示したので省略しますが、躁病エピソードは、強引に他者を説得しようとしたり、多弁に自己中心的な話をしゃべり続けたり、他者の批判を受けつけずすぐけんかを始めたり、高価な買い物をくりかえす浪費家になったりといった誇大的な自我が前景に立ったハイな状態が1～数ヵ月続くものを指しています。その間、睡眠は極端に短縮し、朝早くから夜遅くまで活動し続けて疲れを知りません。躁病エピソードの最中にある人は家庭や職場などでトラブルを頻発させるようになり、周囲から異常を指摘する声があがりますが、本人はそれを認めて治療を受けようとはしません。躁うつ病は躁病エピソードと大うつ病エピソードが生涯で1回だけというケースも、何回もくりかえすケースもあり、治療は各病期に合わせた向精神薬による薬物治療が中心

となります。激しい躁病エピソードや自殺の危険が高い大うつ病エピソードは入院治療が必要です。

(7) アルコール関連障害

　飲酒にまつわる心の病気として最も一般的なのは「アルコール嗜癖」で、飲酒量や飲酒頻度が社会生活に支障が生じるほど増大した状態をいいます。これには毎日酒の臭いをさせて勤務するとか、勤務中にひそかに飲酒を繰り返すなど、教師としての業務に支障があるにも関わらず飲酒習慣を改善・抑制することができないという「アルコール乱用」の水準から、飲酒を中断すると発汗、動悸、手指のふるえ（振戦）、不安などの心身におよぶ離脱症状や、酩酊による同じ快感を得るために酒量がどんどん増量していく耐性と呼ばれる状態を伴う「アルコール依存」までが含まれます。アルコール嗜癖が長期にわたって続くと、幻覚や妄想（しばしば嫉妬妄想）を伴う「アルコール精神病」や、体の病気などによる急激な断酒後に意識の混濁にともなって手指の振戦、発汗、幻視などが生じる「振戦せん妄」、アルコール誘発性の「持続的健忘」や「痴呆」などが生じる危険が高まります。アルコール嗜癖は、持続的な不安・緊張あるいは軽い気分の落ち込みや睡眠障害などを和らげ紛らわすために飲酒を利用するという比較的日常的な契機から開始することが多く、ストレスの強い職業である教師の間にも少なからず存在します。アルコール嗜癖の治療は本人の強い自覚と意志、そして家族や同僚の理解と協力なしにはその成功はおぼつきません。また断酒会などの患者及び家族のための自助グループ活動への参加もよい結果を生むことが多いとされています。

3. 心の病気の受け止め方

(1) 心の病気をどう受け止めるか（本人編）

　心の病気に罹ったのではないかと感じることは、教師に限らずだれにとっても衝撃的な辛い体験であり、なかなか冷静に対処することが難しいものです。しかし病気を放置することでよいことは何もなく、やはり適切な対処をするほうがずっと結果はよいでしょう。そのため心の病気に対するつぎのような受け止め方を、つね日頃から心得ておく必要があります。

　a) 心の病気は心の弱さや劣った精神力を意味するものではない。むしろ誠実にがんばりすぎた結果であることが多い。

　わが国での「心の病気」に対する偏見は以前より減少してきたとはいえ、気軽に精神科を受診できるようになるにはまだまだ時間がかかりそうです。心の病気をどうしてもその人の弱さの証拠として受け止めてしまう風潮は、とくに教師という職業の周辺で強いようです。教育にまつわる精神主義や道徳性がもたらしたものでしょうが、こうした風潮は心の病気の適切な治療の機会を奪ってしまい、益するものは何もありません。経験的にいえば心の病気に陥る教師の大半は、むしろ誠実すぎるほど教育活動に打ち込んできた人であったり、生じてきた教育上の問題を回避せずに直面し、解決のため心血を注いできた人です。心の病気を「心が風邪をひいた」といった気軽な受け止め方で引き受け、十分な心の休養と適切な治療を必要としていると考えることができたら、もっと早く、そしてもっと気軽に心の病気を癒すことができるでしょう。人間の生が順調であることはだれしも願うところです。しかし実際にはさまざまな挫折や屈折が存在するのが人生の常であり、その体験を受容し生き続けることによって初めて得ることができる心の平安こそ成熟と呼ぶ

に値するということを、身をもって若い世代に伝達することもまた教師としての重要な使命ではないでしょうか。

b) 心にも身体と同じようにさまざまな病気があり、おのおのに適切な治療がある。

心の病気については前章で述べたようにさまざまな病気があります。しかもこれらは教師の間に比較的よく見られるものをあげたもので、精神医学的疾患のほんの一部にすぎません。現在ではこれらの病気の多くに適切な薬物療法と、カウンセリング、認知療法、家族療法（夫婦療法を含む）、あるいは自助グループ活動などのさまざまな心理社会的治療を組み合わせた治療体系が確立してきています。その意味でも、もはや心の病気はなんら体の病気と変わることのない一般的な病気の一領域であるといえます。

c) 我流の自家治療はやめて早く専門家の治療を受けるべきである。心の病気も早期発見・早期治療がスムーズな治癒を導く。

心の病気も体の病気と同じようにできるだけ早く発見し治療を開始することがよい結果を招くことはいうまでもありません。心の病気特有の苦しみや辛さを抱えはじめた教師は、それが悪循環に陥る前に少しでも早く、「とてもつらい」あるいは「助けてほしい」と言葉に出して周囲に伝えることが大切です。いたずらに心の病気を恥じて周囲から隠そうとするような姿勢は、苦しい治療開始までの期間が長びくばかりでなく、結果的に回復にも手間取ることになってしまいます。

d) 心を開いて交流できる夫婦関係や仲間関係の存在は心の病気を予防し、心の病気に罹患した際にも大切な支えとなる。

病気になってから初めて知るということも多いとは思われますが、本当に困ったときに支えとなり、あとになってそれで救われたと感じるこ

とができるのは、パートナーや友人たちが窮状をありのままに受け入れてくれることであり、回復を信じて焦らずに暖かい視線で見守ってくれることです。そのような人間関係に支えられている人ほど心の病気になりにくいでしょうし、万が一心の病気に罹患した際にも、それからの回復が生じやすいことはいうまでもありません。メンタルヘルスという観点からも、日頃からこうした人間関係を職場集団や同業集団を超えて豊かに築くよう意識的に努力することが大切です。

(2) 心の病気をどう受け止めるか（同僚・上司編）
a) 職場のメンタルヘルスにとって、風通しの良さと暖かい人間関係は心の病気を起きにくくする必須アイテムである。

　学校は教師という単一の専門的技能集団の職場であり、業務上の責任はすべて現場の教師個人が負うということが当然の職場であったという歴史を持ち、それを完遂して初めて専門家としての能力が認知される、と教師は感じてきました。したがって個人的に限界を超える業務を背負い込んでいても、また個人では解決不可能な問題が生じてきても、周囲の同僚に協力を要請するということがなかなかできない雰囲気が学校に広く存在していることは否めません。しかし教育をとりまく現状は、教師が職人的な教育手腕で自分の守備範囲をすべてこなし、他の教師の守備範囲には口を出さないという伝統的な姿勢では解決できない問題を次つぎと学校現場に生みだしています。そのような問題に対して教師が個人だけで取り組んだ果てに、やがてすり切れ燃え尽きて心の病気に罹患するという悪循環を、学校はこれ以上くりかえしてはなりません。それは誠実な教師を次つぎとつぶしていく結果になっているからです。そのために学校は、職員のメンタルヘルスという意味からも今よりもずっと風通しのよい職場にならなければならないでしょう。業務の日常的な連携・協力体制の拡大や教師個人の悩みについて気軽に相談できる職場内メンタルヘルス担当者の設置などのシステム上の改善が必要です。そう

した改善とともに、校長など学校指導者のこの分野への深い理解があって初めて、風通しのよい職場としての学校が成立することでしょう。

b）心の病気に罹患した同僚の受け止め方に関する基本原則

　心の病気に罹患した教師に対する同僚や上司の支援はその回復に大きな影響を与えますので、その姿勢についての多少の基本原則を知っていることが望ましいでしょう。まず支援にあたって土台となる第一の基本原則は、心の病気に罹ったことの困惑と苦しみへの共感を忘れてはならないということです。心の病気に罹患している人は批判的に関わる同僚に対して決して心を開きません。また心の病気の多くはまじめに職務に打ち込んだ果ての「燃え尽き」の結果であることが知られており、まさに明日はわが身という面もあるのです。第二の基本原則は、心を病む同僚に対して「しっかりしろ」「教師なんだから……」と精神論的・倫理的な観点から叱咤激励することは、焦りを増させるだけの逆効果であることを心得ておかねばならないということです。むしろ療養休暇中や休職中の同僚の将来を悲観した自暴自棄や職場復帰への焦りに対しては、家族と連携して「休むときは必要なだけ十分休もう」と声をかけ、本人が急がば回れの心境になれるように辛抱強く支えなければなりません。第三の基本原則は、同僚ないし上司として心を病む同僚を支える際、本人の焦りに巻き込まれすぎず突き放しすぎずの適切な心理的距離を保つ必要があることを十分理解することです。巻き込まれすぎると支援する側が追いつめられ消耗して、やがては援助すべき相手を嫌いになってしまうかもしれません。

c）心の病気の種類によって本人の受け止め方が大きく異なることを心得ておかねばならない。

　心の病気に罹患した同僚に対してどのような支援ができるのかを考える際に、病気の種類によって本人による病気の受け止め方には大きな相

違があることを知っていないと気持ちが通じあわないことがあります。

　「うつ病・うつ状態」では罪の意識、迷惑をかけているという意識が強く、ある程度重症になると、もはや助けを求める気力もなくなって、援助を求めずひたすら死を願うといった気持ちになりがちです。このようなうつ病の同僚に「がんばれ」という言葉がまったく慰めとならないことは上記のとおりです。休養を肯定的な対策として勧めるとともに、医療に可及的速やかにつなげる援助をすべきです。

　「神経症」や「心身症」の人は自分の症状に違和感や苦痛を強く感じており、病気を克服したいという気持は非常に強い場合が多いのです。

　「精神分裂病」の人は病気であるという自覚を基本的に持てないことが特徴です。急性期には多かれ少なかれ症状に対する困惑や恐怖に彩られた混乱状態に陥っており、幻覚や妄想の影響下に不可解な行動を示すようになります。その段階で社会人としても教師としても不適切な言動が目立ってきますが、本人がなかなかそれを異常と認めようとしないという事態に周囲の人間は困惑してしまいます。上司や同僚、そして家族が連携してできるだけ早く医療につなげるよう努力する必要があります。

　「躁病」の人も壮快感あふれる高揚した気分を異常な状態とは認めないという姿勢を示すのが普通です。しかし何らかのブレーキをかけて行動を制止し治療を開始しないと、数ヵ月にわたって逸脱行動が続くという事態に展開しがちなため、医療的介入がどうしても必要になります。

　「アルコール依存症」をはじめとする薬物依存症の人は、依存対象の物質に対する乱用の事実を隠そうとします。以上のように各病気によって本人の病気に対する自覚には特徴的な相違があることを、心の病気を持つ同僚への支援に際して心得ておく必要があります。

d）**心の病気による療養休暇や休職から復帰してきた同僚を職場に受け入れる際の基本姿勢**

　長期の療養休暇や休職から復帰する同僚を受け入れる際に持っている

べき第一の基本姿勢は、病気からの回復は「元の彼（彼女）」に戻ること以上ではないということをよく心得ておくことです。心の病気で休みをとっていた教師の職場復帰に際して、同僚とくに上司が「あるべき教師像」を基準に病気からの回復度や復帰可能性を判断するという姿勢をとってしまうということが時々生じます。しかしそのような姿勢で迎えられた場合、心の病気から回復して間もない教師はすぐに過度の緊張にとらわれて焦りはじめるでしょうし、その結果病気が再び悪化するようなことになると社会復帰は非常に困難になってしまいます。受け入れに際しての第二の基本姿勢は、職場復帰後はあくまで焦らず一段一段階段を登っていくつもりで無理のない努力をしてもらうことです。周囲の人間からはあまり「がんばれ」と励ましすぎず、むしろ「あまり無理をしないでください」と声をかけるべきであることはいうまでもありません。復帰したばかりの教師は休んでいる間に自信を喪失しているのが常であることから、受け入れのための第三の基本姿勢は、復帰後の教師の良いところを積極的に評価し認めるということです。自分が職場で通用するかどうか非常に神経質になっている復帰後の教師が救われるのは、一見単純に見えるこうした"能力を認めてくれる人がいる"という実感を持てるときです。第四の基本姿勢は職場復帰後の治療についてです。復帰後も当分の間は治療を続けるべきであることを心得ておき、「向精神薬を服用しているかどうか」を回復の基準や指標としないということです。不適切な休薬によって病気が再発してくることは服薬を続けるよりも、本人にとっても学校にとっても失うものが大きいからです。

　以上、教師のメンタルヘルスについて、心の病気に罹患したときに心得ておいてほしいことを中心に述べてきました。各学校でこれまで以上に職場のメンタルヘルスについて検討しあえる空気が醸成され、心の病気になった同僚を支えるシステムがより力強く機能するための一助となれたら幸いです。

（齊藤万比古）

第2節　問題行動のプラスの側面
　　　──心の病気の特殊性について──

1．心の病気をどのようにとらえるのか

　問題行動は「なければないに越したことはない」ことは言うまでもありません。とくに心の病気は、いわゆるふつうの病気と違って非常に嫌われる存在です。いまだに精神科は受診することすら避けられる状況が続いています。心の病気の嫌われる一つの理由は、一般的な病気とはかなり様相を異にするからです。このことはとても大切な意味を含むと思われますので、ここで改めて取り上げておきたいと思います。

　学校で生徒が見せる心の問題は、一般的な病気とはずいぶんと異なります。たとえば風邪と登校拒否（不登校）とを比べてみたいと思います。普通の病気は、診断がつけばその対応方法がだいたい決まってしまいます。また一般的な経過も明らかになるのが普通です。風邪と診断がつけば、原因はウイルスの上気道への感染で、症状は咳、高熱、鼻水など。治療方法は対症療法で特効薬はとくになく、経過は1週間程度でだいたい回復するが、まれに肺炎などの合併症を起こすことがあるといった具合です。ところが登校拒否と診断されたとしても、原因は一般的には特定できません。また症状も、完璧な引きこもりが長期間続くもの、散発的な登校は可能なもの、学校に行かないが町での徘徊が見られるものなどさまざまで、対応も簡単には決まりません。登校を促さずに待つのがよい場合もあれば、積極的に学校への出席を促して良好な結果が生じることもあります。さらに経過も、短期間に学校に復帰する生徒がいる一方で、卒業後も継続して家庭への引きこもりが生じてしまう場合もあり

ます。つまり一般的な病気の場合は、感染症において典型的なように、原因（風邪の場合は風邪ウイルス感染）があってその結果としてさまざまな病気の症状がもたらされるという、因果律が非常に明確であるのに対して、心の病気の場合にはこのような単純な因果律で説明できるものは非常に限られていて、むしろ例外的であるのです。

　したがって登校拒否のような場合、異なったモデルを持ってくる必要があります。このような場合にわれわれがとるのはつぎのような方法です。登校拒否を起こした生徒の家庭の状況、成長の過程ではどうだったか、本人の性格の特徴、親子関係の発達、友人との関係、学校での状況、クラスのようすなどなど。こういった周囲の状況を丹念に拾って、子どもの成長の過程を辿っていくと、そのなかに登校拒否に至った状況がほのかに見えてきます。そこにはさまざまな偶然の重なり合いがあります。家庭の中で、緊張状態があったのかもしれません。本人の気質と家族の状況が偶然重なって、幼児期の発達課題が未通過だったのかもしれません。引っ越しのために、クラスにとけ込めなかったのかもしれません。クラスの中でいじめがあったのかもしれません。学級担任との相性にミスマッチがあったのかもしれません。どれをとっても、あくまで要因ではあっても原因とは言い難いものです。またそれはとても個別的なものです。したがって治療的な対応は、この絡まったさまざまな要因を解きほぐしていくことが必要になります。ただしそのなかには、発達課題の未通過のように、本人自身の成長を待つことが必要なものもあり、またいじめの問題のように、周囲の状況の調整が必要なものもあります。

　風邪に代表される一般的な病気のモデルを「医学モデル」と言います。それに対し、登校拒否のような状況のなかに立ち現れる一回性の状況という心の病気のモデルを「心理・社会モデル」と呼びます。心の病気のなかでも、薬物中毒のように原因が特定できるものもあれば、いわゆる精神病（分裂病と躁うつ病）のように、状況よりも本人の持つある種の素因（特定の状況への脆弱性）のほうがより重い意味を持つものもあり

ますが、これらの病気にしても、周囲の状況との絡みは必ず見られ、「医学モデル」ほど単純には説明が出来ません。子どもたちの見せる心の問題の多くは「心理・社会モデル」で示されるさまざまな要因の絡み合いのなかに立ち現れるのです。このような心の問題の捉え方を、力動心理学*と呼びます。

2．症状をどうとらえるか

　レオ・カナーという児童精神医学のパイオニアは自著の教科書の中で、子どもの持つ症状の意味をいくつかの例で語っています。たとえばカナーは"入場券としての症状"ということを言っています。劇場に出かけるときに入場券が必要なように、両親が子どもを病院に連れてくるときには症状が必要となります。しかし入場券を調べても、劇の内容はわかりません。
　また"警笛としての症状"ということを言っています。警官が困ったことに直面したら、彼は警笛を鳴らすだろう。子どもは何か困ったことが起きたときにそれを周囲に知らせるために、症状という形で警笛を鳴らすのであると。また"厄介者としての症状"とも言っています。症状とは、周囲の大人にはそれをなくしてほしい厄介者に他ならない。症状は、とくに周囲の大人にとっては何よりも忌まわしいものなのだ。そしてカナーは、"問題解決の手段としての症状"ということを語るのです。子どもがまったく無意識に、問題の解決のために症状を呈することは珍しいことではないと。真の問題の解消のために、またもっとひどい状況に陥ることをを避けるために、子どもが症状という形で現すことがあると言うのです。
　この「症状がむしろ問題の解決のために機能している」というのは、先に述べた「心理・社会モデル」でとらえることが必要な心の病気において、とても重要な視点と思われます。

3. 問題行動の持つプラスの側面

　先ほどの登校拒否を例にあげて考えてみたいと思います。青年期は家庭からの自立がとても大きなテーマです。この時期に不登校の青年たちはまさに家から出られなくなってしまうのです。あたかもこの引きこもりは、「このままでは自立するための何かが足りない」「まだ自分は自立が出来ない」「それを取り返さなくてはならない」と叫んでいるかのようです。先にも述べたように、登校拒否にはさまざまな要因が絡んでいるため、あまり単純化すべきではありませんが、あとから振り返ってみれば、未遂行の発達課題を取り戻すために生じているところもあるのです。このような視点で丹念に子どもの全体状況をたどってみると、なるほどこの症状が生じないわけにはいかなかったのだな、と納得できることが少なくありません。また、心の問題から回復したあとで、辛かったけれど仕方がなかったという感想がその当事者及び周囲の人からしばしば聞かれます。

　小さな子が困ったときにはどうするでしょうか。彼らは泣きわめいたり、叫んだりして助けを求めます。これは先に出てきた"警笛としての症状"そのものです。逆に言えば、周囲の人の助けを信じているからこそ、子どもは警笛を鳴らすのです。もし子どもが周囲の助けをまったく期待しないときには、心を閉ざし、おとなしく黙り込んでしまうでしょう。絶望の内にやられるがままになっていたいじめられっ子が、周囲からの救助のサインに希望を持ち始めたと同時に突如反撃を始めるように、周囲の援助や治療の開始と同時に、むしろ問題行動がひどくなることは稀ではありません。これは状態が悪化したのではなくて、希望が生まれてきたからこそ生じた変化なのです。

　さらに症状には、安全装置としての意味があります。たとえばしばしば見られる子どもの退行（赤ちゃんがえり）は、幼児という安心できる

時期に一度戻って、不安を解消し、新規まき直しをするという意味があります。これは圧倒的な不安に対しての心の安全装置の働きです。さらにもっとひどい症状の場合にもこのようなことが当てはまります。たとえば虐待などの心的外傷体験の後遺症で、意識の乖離と呼ばれる意識の不連続が生じることがしばしばあります。これはあまりに辛い体験の場合、安全装置が働いて意識が飛んでしまうのです。この状態が続くと、子どもは自由に意識レベルを操作できるようになることもあります。この乖離は、治療のうえでは非常に大きな問題になっていくのですが、少なくともこの症状が産み出されたのは、辛い体験を生き延びるためなのです。

　先にも述べたように、心の病気はそれ自体が嫌われる問題です。しかしその背後に潜む、プラスの側面が必ずあることを忘れないでいただきたいと思います。

（杉山登志郎）

第3節　学内連携その1―若手一般教師の場合

1. はじめに

　職員集団の中で効果的に動き、円滑な人間関係を築くことは、教師の生活の「核」としてすべての教育活動に影響します。とくに課題に突き当たったとき、「組織（システム）をどう活用し乗り越えるか」を習得しているかどうかにより事態は左右するでしょう。
　ここでは、とくに組織心理学、コミュニティー心理学の視点から、若手の教師の立場からの学校内の連携の「技能」および「工夫」について考察していきます。

2. 援助的システムの構築

(1) 適切なコーディネーター（調整役）の選出
　課題が発生したとき、援助の役割分担や対応のルートを決める調整役の職員が必要になります。多くは、管理職や教育相談担当者、生徒指導主任、保健主事などが役割を担っているではないかと思います。しかし、ときに要になるコーディネーターの資質や指示により、「孤立する」など、若手教師にとって望ましくない状況に陥ることがあります。
　若手の教師自身ではシステムそのものに対する介入は困難になり、先輩教師の助言が必要です。「だれに」「どのような手順で」「援助の方法を知るか」について理解しましょう。

<理想的なコーディネーターの資質（適する人格）についての視点>
　①適度な自我の強さとバランス感覚を持っている人。
　②自己の支配欲求、成功欲求の程度に気づいている人。
　③排除主義を警戒し、個性の共存を尊ぶ姿勢のある人。
　④自己の内部に存在する人間性（善と悪）の要素を認識して、偏見などから自己を解放しようとする姿勢のある人。
　⑤現実を冷静に見極めて、中立的立場を維持しつつ感性のある人。
　⑥あくまでも子ども（弱者）の立場にたった推進能力が伴っている人。
　⑦自分の限界を知り、断ることや不可能で自信がないことなどをだれにでも表現できる人。
　⑧学校外部のケアネットワークや組織心理学に精通している人。

　コーディネーターは個人の独断で選ばれるのではなく、民主的に教職員の選挙などにより選出されることが望まれます。

(2) システムの機能と実際

　援助的システムのモデルを包括的学校教育相談の領域図において大野が示しています（図6-3-1）。これに伴い内部のシステムづくりがテーマ別に必要とされます。校務分掌、適性人格などを加味した各校独自のシステムモデルを作成していきましょう。下記にシステムモデルづくりの一例を紹介します。

<手順>
　①コーディネーターを中心にコンサルテーション（援助作戦会議）を行う。
　②人格や適性にあった役割分担を行う。各役割ごとに実施をし記録に残す。
　③コーディネーターは経過を掌握し、必要に応じて管理職に連絡して

図6-3-1　学校教育相談の領域図

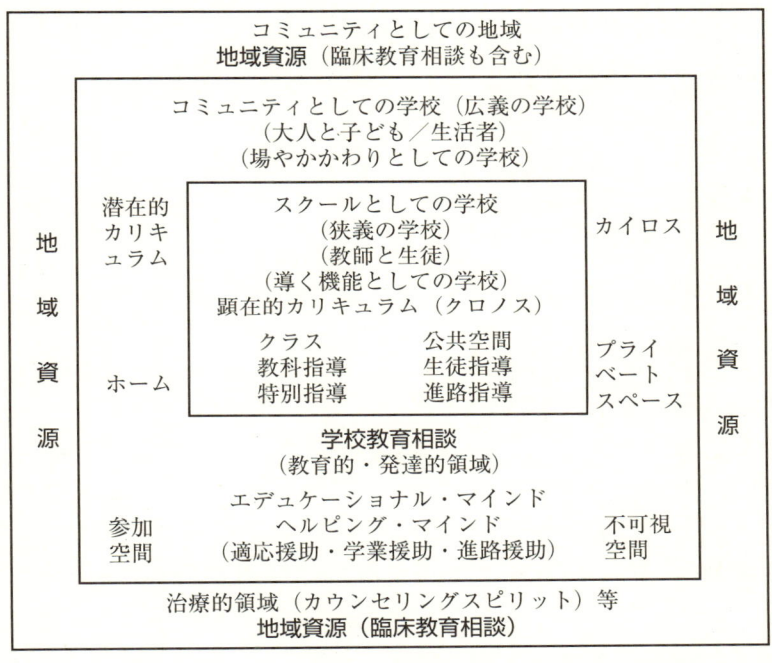

```
┌─────────────────────────────────────────────┐
│         コミュニティとしての地域                │
│     地域資源（臨床教育相談も含む）              │
│  ┌───────────────────────────────────────┐  │
│  │   コミュニティとしての学校（広義の学校） │  │
│  │     （大人と子ども／生活者）            │  │
│  │     （場やかかわりとしての学校）         │  │
│  │  ┌─────────────────────────────────┐ │  │
│潜在的│   スクールとしての学校          │カイロス│
│地 カリ│     （狭義の学校）              │      地│
│域 キュ│     （教師と生徒）              │      域│
│資 ラム│   （導く機能としての学校）       │      資│
│源    │   顕在的カリキュラム（クロノス）  │プライ 源│
│  ホーム│  クラス      公共空間          │ベート  │
│      │  教科指導    生徒指導           │スペース│
│      │  特別指導    進路指導           │       │
│  └─────────────────────────────────┘    │  │
│         学校教育相談                    │  │
│       （教育的・発達的領域）             │  │
│      エデュケーショナル・マインド        │  │
│参加    ヘルピング・マインド       不可視 │  │
│空間  （適応援助・学業援助・進路援助） 空間│  │
│  └───────────────────────────────────────┘  │
│    治療的領域（カウンセリングスピリット）等   │
│       地域資源（臨床教育相談）               │
└─────────────────────────────────────────────┘
```

（『教育心理学年報』1997年版、大野精一氏作成）

外部コンサルタントの依頼を検討する。

④さらに校内システムの中で修正、工夫の必要性など援助作戦会議にて検討し再実践する。記録に残す。＜繰り返し＞

＜課題例：いじめ発生＞

図6-3-2はいじめ対応システムモデルの一例です。

役割分担（担当者名）──分掌は必ず複数で行うことが大切です。

図6-3-2　いじめ対応システムモデル

	学校内部システム	連携	学校外部システム
1 治療システム	治療的機能を重点に行う。	仲介者	治療的機能を行う。
加害児童生徒 　被害児童生徒	母性的機能教師（　） 父性的機能教師（　） 母性的機能教師（　） 中立性機能教師（　）	橋渡し 教師 （　）	病院、児童相談所、教育相談所などにて心理判定、病態水準、診断等を行い、適切な治療を受ける。
2 生徒指導システム	生徒指導的機能を重点に行う	仲介者	生徒指導的機能を行う
加害児童生徒 　被害児童生徒 　周囲の児童生徒	母性的機能教師（　） 父性的機能教師（　） 母性的機能教師（　） 中立性機能教師（　） 担任、養護教諭、生徒指導、教育相談担当職員その他（　）	橋渡し 教師 （　）	警察、家裁関係の心理士等による攻撃性衝動性への教育指導、感情の処理のスキル、セルフコントロールの習得。いじめの構図に伴う新たなる価値観の構築の学習など外部講師による講話等。
3 保護者対応システム	保護者への対応支援機能を重点に行う。	仲介者	保護者への対応支援を行う。
加害、被害、周囲児童生徒の保護者	中立性機能（両者への事実明確に伝達し、話し合いによる調整や方針を提示する）教師（　） マネージャー的機能教師（　）	橋渡し 教師 （　）	教育相談所、病院などの保護者面接、保護者支援対策をとる。
4 外部機関対応システム	外部機関（マスコミ関係、裁判関係、刑事事件関係）への対応を行う。	仲介者	外部機関への対応を行う。
（マスコミ関係、裁判関係、刑事事件関係等）	安全性確保機能担当教師（　） 児童生徒の守秘義務、心的外傷（児童生徒、教師）への配慮 マネージャー的機能教師（　）	橋渡し 教師 （　）	警察、スクールカウンセラー等と支援体制を作る
5 その他のシステム	その他必要機能教師（　） 　　　　　　　　　（　）	橋渡し 教師	その他必要な外部システム

（筆者作成）

3. 他者の活用の視点の重要性

　人間はそれぞれが独自の人格（パーソナリティー）をもっています。そして限界もあります。職員間の意見の衝突やいさかいが建設的に働く場合と破壊的に働く場合があります。そこには、個人の価値観や人間性のぶつかり合いにより切磋琢磨し成長する職員もいるなかで、傷つきを深め、抑うつに落ち込む職員もいます。ここでは「他者の人格を活用する」ことによる職員間での「尊重し合う風土づくり」について考察します。また、教職員個人のサポートシステムづくりについても提示します。

(1) 教育現場における「愛は多様を好む」ということ
　学校内における教職員のなかには、人気教師と不人気教師がいるのは常です。しかし、子どもの人格成長のために学んだり取り入れたりする部分を何ももっていない教師は皆無に近いでしょう。多様な個性から子どもは成長できるものだと思います。

　弱点がある教師であっても、子どもたちは「ときに失敗してもいいんだ」という安心できる瞬間を味わい、また自分なりに歩いていこうとする意欲を喚起することができます。失敗を見せまいと構えるより、素直に謝る人格に子どもは学びます。

　ですから教師自身が子どもが好きなうちは、プラスの効果を促進できるでしょう。

　しかし感情に圧倒され、怒りや羨望や嫉妬、張り合い、やり込めたい欲求に支配されるときは危険です。自分の感情を意識化することにより、自分からすっと距離をとる（目をつぶってゆっくり呼吸をし自分に戻る、混乱していることを小さく言葉にしてみるなど）ことが立て直しのチャンスです。

　ときにまったく相性の合わない子どもや同僚に出会うこともありま

す。同僚とは距離をおいてつきあえばこなせることもありますが、子どもには困難です。他者の援助が必要です。自己のパーソナリティーの補足分を誰かに援助してもらいましょう。「私、今あの子苦手だから、お願い面倒みてやって、少し距離おきたいの」と同僚教師に支援を求め、少しゆとりのでたところで再トライすることもできます。また、気になる子は自分を見つめるチャンスです。「どうしてあの子が嫌いなのかしら。私の中に同じものがあるのかな」と自分のテーマを掘り起こしたりするなかで自己が解放されていくこともあります。

　このように他者を活用することが、自分を卑下したり憤ったりして無理に関わろうとするよりも建設的です。だれもが弱点はあるのです。

(2) 家族役割モデルを活用する

　教職員はだれもが個人の中に父性的機能と母性機能を備えています。ただ、得意な機能が前面にでて仕事をしています。役割分担のなかで苦手な機能を他者に依頼して、得意なところで勝負しましょう。その際、お互い他の機能を受け持つ職員を尊重する姿勢が必要です。

　学校組織を家族にたとえて、そもそもだれもが必要とされる「サザエさん」モデル＊を活用しましょう。

(3) 個人のサポートシステムづくり

a）孤独への対応

　教師の仕事は、連携や協働体制の中であってもさまざまな孤独と向き合っています。

　一人職、単学級、一人分掌などの組織状況からくる孤独、保護者に追い詰められたり、同僚とうまくいかなかったり、価値観が合わなかったりという内面の問題としての孤独、子どもの残酷さにへきえきして落ち込んだり、教師という仕事そのものに嫌気がさしたりという教師という職業に対する孤独、そしてプライベートなことに関しての孤独と日々移

図 6-3-3　自己サポートシステム

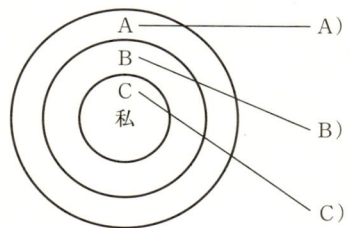

A）カウンセラー、スーパーバイザー、勉強会、研究会仲間、自助グループ
　＜援助を求められる人的資源＞
B）相性のいい教師、同職種仲間
　＜援助を求められる同僚＞
C）援助を求められる家族、友人

A）学校外コミュニティー
B）学校内コミュニティー
C）個人的コミュニティー

（筆者作成）

り変わるなかで、意識できないうちに精神的に孤独を伴う傷つきを負っています。

　若手の教師にとって、どうすれば自分を守りながら教師という職業を維持することができるのでしょうか。

　それには自己のサポートシステムを充実させることです。

　上記図6-3-3のA、B、Cのどの一部分が欠落してもサポートシステムは機能しません。子どもと同様で「味方が一人は必要です」。個人のサポートシステムを作りましょう。

　しかし、安全な空間で自己を語るときに癒される部分はあるでしょうが、だれにも見境なく援助を求めては誤解を招くこともあります。人選が必要です。年月をかけて信頼できる人に相談することが賢明でしょう。

b）**抑うつ対策**＜自己一致（思考、感情、身体、プラス魂の一致）した対話を心がけましょう＞
◇若手教師が失敗や誤解により、上司、同僚に対して謝る場合の例
　①「それをきいて、ショックです」　　＜純粋性、自己一致＞
　②「その事実は……なのですね」　　　＜事実の確認＞

③「軽率で気がつきませんでした。(その部分は) 失礼しました」
　　　　　　　　　　　　　　　　　＜部分的反省＞
④「申し訳ありませんでした」　　　＜謝罪＞
⑤「私としては……と思いました」　＜自分の事実を明確に伝える＞

①については、ときと場合により口で表現するか、心でつぶやくかは選択しましょう。
(留意点) 必要以上に謝りすぎる、落ち込みすぎている場合は、「抑うつ」状態に入っていることがあります。(第6章1節「教師のためのメンタルヘルス」参照)

c) 一口自分育て＜教師としての誇り（自尊心）を取り戻すためのつぶやき表現＞
- 「むかつき」は元気（健康体、信頼）の始まり。
- 3分の1は自分の問題、3分の1は相手の問題、3分の1は社会の問題。
- あのときの自分は「あれで精一杯だった」。けなげな自分を慈しもう。
- はじめての挑戦はぎこちなくて当然。
- 私の身体だけは私の味方。自分の身体を慈しもう。
- 身体が動いた瞬間がその時（タイミング）だ。
- 決めつけるよりも訊くほうが安心。
- 社会の肩代わりをしている自分たち。攻撃の的になる役割を負っている自分たちという「自負」。
- 連携者はみな戦友。他者の資源は何。
- 可能なこと、不可能なこと、自分の限界を知って楽になろう。
- 急いでいるときほど、ゆっくり歩く。
- 「あきらめる」ことは、現実を「明らか」に「見る」こと。あき

らめも時には必要。
- ジェネレーションギャップ（世代間のずれ）、ジェンダーギャップ（性差のずれ）は口に出すとすっきり。
- やっかいな他人、これまたやっかいな自分。距離をとって挑戦。人はすぐに変わらない。
- 「一人の時間」は「自分を生きる原動力」の養い。
- 「爽快に断る」ことの大切さ。「できません」「自信ありません」は自己の理解可能の証拠。健康な対人関係の第一歩。
- 「憂うつ」に苛まれたら、休暇が必要。
- 口を満たせば（食べる、話す、飲む、歌う）、心に栄養。
- 「損得のみ」は自分の心を悪魔に売り渡すことへの第一歩。身体に聞いてみよう。
- しこり（緊張）は死への第一歩。安心できる時空間を。
- 期待しすぎは疲れる。
- 愛校心はささやかな変化から生まれる。
- 完璧主義の苦痛。「……という部分（part）」という言葉を使おう。
- 完全に嫌いにならないためには「複数」で関わる。

d）カール．G．ユングの「苦悩の必要性の洞察」一文からの示唆

「われわれは、波瀾や変化を怖れ、苦痛に感じられることについて語ることを怖れる。苦悩は往々にして失敗と感じられるが、実はそれは成長への入り口なのである」「そして成長は、どの年齢であっても苦しみを伴わぬことはない」とユングは言う。

「コンプレックスを持つことは、それ自体神経症を表していない。なぜなら、コンプレックスは心理的な事件の正常な源だからであり、それが苦痛だということは、なんら病理的な不調を意味していない。苦悩は、疾病からではなく、幸福に対する正常な反応なのである。われわれがコンプレックスを持たないと思うときこそ異常なのだ」

自分を支える自分の存在が危ういとき、他者に支援を求めるのは正常な防衛感覚です。適切なサポートシステムを活用し、職業人としての対処スキルを広げていくことが現代の若手一般教師の生きぬく知恵であるのでしょう。

4．まとめ

　校内の連携は他者の人格を信頼して委ねるところから始まります。そして、自分の傾向を理解することがその一歩となります。毎日の執務の中では課題に突き当たり、自分の資源、弱点は何か、どのような教育観、子ども観を持っているかなど、自己を捉えなおす日々の連続になると言えます。学校内に新風を入れ、活気やエネルギーを放ってくれる若手教師は存在するだけで意味があります。しかし、そこにも「教師という職業独自の傷つき」があります。張り切りすぎて燃え尽きてしまい、無意識に大事な家族を犠牲にする危険もあるのです。教師集団は、そろそろ今までの発想を転換する時期にきているのでしょう。「俺たちだって人間だ。完璧じゃないし限界もある。だから助けて欲しい」と叫ぶことがときに必要なのでしょう。子どもの未来が輝くためには、教師の「今」が輝くことが何よりも大切なのです。

（海野千畝子）

【参考文献】

・横沢幸仁・杉山洋一他編：現代学校論．学校経営と法研究会，八千代出版，1999．
・牧昌見編：学校経営問題解決シリーズ　Ⅲ、Ⅳ、組織運営上の要望にどう応えるか　職務上の悩みにどう応えるか．第一法規，1989．
・大原健士郎：「職員室」の心の病．講談社，1997．

・高橋佳子：祈りのみち－志高の対話のために．三宝出版，1994．
・小島宏：授業崩壊－克服への学校経営的アプローチ．教育出版，1998．
・鵜飼美昭・鵜飼啓子：学校と臨床心理士－心育ての教育を支える．ミネルヴァ書房，1997．
・大野精一：教育心理学の実践活動－学校教育相談の定義について．教育心理学年報，1997．

第4節　学内連携その2―ベテラン教師の場合

1. ベテラン教師の置かれている立場

　ベテラン教師を便宜上ここでは40歳以上の教師と考えることとします。ベテラン教師のほとんどは、教務主任、学年主任、生徒指導主事、保健主事などの役職についたり、たとえつかなくても、中間管理職的な仕事を担っています。つまり、管理職と一般教師とのつなぎの役割という重要な責務を担っています。これが機能しないと学校という組織は統合性が保てなくなり、その機能を十分に果たせなくなります。
　現在、学校は大きな転換期を迎え、さまざまな教育改革がなされようとしています。それだけに管理職のベテラン教師に対する期待や要望も強くなっています。他方、新人類と言われる若い教師の気持ちを理解し、これを学校運営に反映させていかなければならないという、非常に困難な役割を担っているのです。

2. ベテラン教師の苦悩

　前述したように、ベテラン教師は中間管理職的な苦しみだけでなく、子どもとの年齢差が広がることにより、子どもとの心理的距離が広がり、子ども理解が難しくなってきます。とくに、時代の流れが速い現代においてはより顕著です。つまり若いときのように、子どもといっしょになって学習したり運動したりといった教育の醍醐味を感じることが難しくなってきます。また40代の教師は、これまでの教師生活を振り返るとともに、これから教師としてどのような生き方をすべきかを迫られる年齢

でもあります。

　私的生活においても、家族があれば、子どもがそろそろ思春期に入り、親への反抗が始まり、自分の子どものことで頭を悩ますことも多くなります。また、夫婦双方の親が老年を迎え、親の介護や看護が必要になる時期でもあります。さらには夫婦ともに中年の危機を迎え、これをどう乗り越えていくかといった問題も生じてきます。価値観が多様化し流動化している現代においては、夫婦、親子、祖父母との間には、かつての時代以上に考え方のギャップが広がり、よりいっそう相互理解が難しくなってきました。

　以上のことからも、ベテラン教師は公的にも私的にも大変困難な状況に置かれていることがわかります。最近、ベテラン教師がノイローゼや心身症に陥るケースが増えているのも、このような事情によるものと思われます。

3．校内の連携

　ベテラン教師の私的な問題はさておくとして、公的な問題について考えてみたいと思います。先述したように、ベテラン教師は中間管理職的な仕事という難しい仕事を担っていますが、この仕事を果たすことが、学校のためになり、子どものためになり、ひいては自分自身のメンタルヘルスを保つことにもなると考えられます。

　管理職の考えは当然のことながら管理的な発想が強く、一般教師は現場的な発想に傾きがちです。どちらの考え方も、学校を運営していく上で必要な考え方です。ベテラン教師は、この双方の考え方を統合していかなければなりません。そのためには、管理職とも一般教師ともじっくり話し合い、相互に理解を深めなければならないのです。たとえば、一般教師が無理だと思われるような要望を管理職が出したとき、ベテラン教師は、そのような要望を出さざるを得ない背景を管理職から聞き、そ

れを一般教師に伝え、双方のギャップを埋めるよう働きかけます。逆に、一般教師の気持ちを管理職に伝え、一般教師の意志を生かした学校運営につなげていくよう働きかけをすることです。このような話し合いの積み重ねのなかで、教師相互の理解が進み、お互いに支え合い助け合える関係が形成されていきます。そのなかで、ベテラン教師はやりがいと自分自身に対する誇りを実感することができるのです。これは管理職や一般教師にも同様なことが言えるでしょう。このような人間関係が保たれる学校においては、ベテラン教師のみならず、すべての教師のメンタルヘルスが保たれ、教育に情熱を注ぐことができます。そして、最終的には子どもの幸せにつながると同時に保護者の信頼を得ることにもなるのです。

4．ベテラン教師のメンタルヘルス

　ベテラン教師には名称のとおり多くの経験の蓄積があります。しかし、時代の流れの速い現代においては、経験はプラスに働くときとそうでないときがあります。つまり過去の経験がじゃまになることもあるということです。したがって日頃から柔軟な思考ができるよう心がける必要があるでしょう。毛嫌いしないで新しい情報、たとえば流行の映画やファッションに関心を持ったり、若い先生と接して話を聞いたり、ときには実際体験したりといったことを心がけることも大切です。これは子どもとの世代間ギャップを埋めることにもつながります。つまり、これらの情報をもとに子どもとの会話の糸口をつかみ、関係を深めていくこともできると思われます。

　また、できれば直接学校や教育と関係のない趣味を持ち、それを通じて他業種の人々との交流をすることも大切です。四六時中教育のことを考えていたのでは身がもたないし、新しい発想も枯渇してしまいます。ときには仕事を忘れて熱中できるものが、メンタルヘルスを保つうえに

も必要なことです。また、趣味の世界の経験は、まったく発想の異なる考え方を教育の中に取り入れ、よりよい教育を見いだす端緒となることもあります。また、教師はともすると同じ教師仲間同士の付き合いに終始しがちですが、これでは新しい視点を教育の中に持ち込むことができません。教師以外の人々との交流をとおして、これまで見えていなかったものが見えてきたり、あたり前と思い込んでいたことがそうでないとわかったりと、新しい気づきが得られるものです。

　趣味が教育に新しい息吹を吹き込むことができるには、本業である教育に教師が夢と情熱を持っていることが前提条件になります。しかし、何の努力もなしに教育に夢を持つことはできません。夢が持てるだけの日頃の実践と研究の積み重ねが必要です。教師がこのような努力を積み重ね、教育に夢や希望を抱き、他の教師と力を合わせて、教育という困難な仕事に打ち込んでいる姿こそが、子どもにとっての最大の教育であり、また、これは教師のメンタルヘルスにとっても、もっともよいことではないかと思われます。

（花井正樹）

第5節　生徒のためのメンタルヘルス——養護教諭が行うメンタルヘルス授業の一例

1．学校保健の今日のテーマ

　保健室はあたかも学校のオアシスのようです。不登校児も、非行児も、ともに保健室を愛用しています。生徒の中には保健室に顔を出すことを楽しみに、学校に行けているものも少なくありません。学校保健において体の健康を支えることは、今日でも大きな問題です。夜型の生活を送り慢性的睡眠不足の児童、朝食を欠食してくる児童、肥満児童など、以前とは違った形で、学校が体の健康の維持に活躍しなくてはならない場面が増えてきました。しかしそれ以上に、心の保健に関してはさらにさまざまな問題が吹き出しているのが現状です。ところがこの領域に関しては、最近までまったく学校では取り扱ってきませんでした。その結果、心の保健に関して不登校や拒食症など、問題が顕在化してから後手の対応を迫られている状況となっています。今日、ほぼすべての児童が悩みを抱える状態となっていることに異議を唱えるものは、もはやいないでしょう。さらに阪神大震災や大腸菌O-157事件は、健康な生活を送っている児童ですら、いつ何時、災害に遭遇しないとも限らないことを如実に示しました。つまり今日の状況では、子どもたちにメンタルヘルスについて学ぶことが必要かつ不可欠な状況となっているのです。またメンタルヘルスを全員が学ぶ機会が与えられることによって、心の健康を損なう事態に対する、学校教育による予防的な働きを行うことも可能となります。またこの授業を通して、健康な悩みと相談を要する悩みとを区別できるようになることが重要です。

さて、養護教諭は学校のメンタルヘルスの重要な担い手ですが、通常の教師以上に多忙なのが実状です。その一つの理由は事務的な報告の作成に大きなエネルギーを割くことが要求されているからでもあります。余談ですが、この事務部分を書式を統一し、コンピューターを活用することなどによって軽減できないだろうかと思います。それにしても、今は虫歯の数や身長体重よりも、心の状態のほうがよほど重要ではないでしょうか。

　メンタルヘルスの授業は本来、年間30時間以上行われてしかるべきであると私は考えています。しかし、今すぐに実現可能ということからすると、養護教諭が現在行うようになった保健の授業の時間を利用して、心の保健の授業を行うというのがもっとも現実的であると思います。この授業の目標は、心のいろいろな状態を生徒に自覚してもらうことにあります。「かぜをひいた、頭痛がする」ではなくて、たとえば、「今日は少しむしゃくしゃしている。なぜかというと登校する前に、お母さんと喧嘩をしてしまって……」など、心の状態の自己観察を生徒ができるようになることこそが、重要な課題なのです。

　そして、ミニマムのメンタルヘルス授業としてここに提示するのは、小学3年生、5年生、中学2年生、高校1年生のおのおの1〜2時間の授業案です。この程度の内容であれば、現在どの学校でも、どの養護教諭の方でも直ちに実現が可能ではないかと考えるからです。

2．保健授業の具体例

(1) 小学3年生のメンタルヘルス授業案

　小学3年生を選ぶのは、この時期がいわゆる9歳の壁の節目に当たるからです。子どもたちが子ども集団で動き始めるので、いじめが深刻化するのもこの時期であれば、将来の夢などを考え始めるようになるのもこの時期です。

3年生の授業のメインテーマは、「人の気持ちにはいろいろある」ということを子どもたちに実感してもらうことです。つぎのような提示を行い、子どもたちに実施してもらいます。用意するものはクレヨンや色鉛筆です。

　まず「自分の今の気持ちを色にしてみよう」と呼びかけます。丸や四角といった、気持ちにぴったりくるさまざまな形を描かせ、色塗りをさせます。このさまざまな色に塗り分けられたそれぞれの気持ちについて、表現させていきます。そのあとで今度は、自分の今の気持ちを動物にして表してみることを試みてもらいます。さまざまな動物が描かれていきます。それぞれの動物について、「この動物は何を言っているかな」「どんな表情しているかな」と問いかけ、児童に発言をさせましょう。その過程をとおして、一人ひとりの気持ちが違うことの確認をしていくのです。そのなかに、必ずあまり幸福でない気持ちの表出があるものと思います。そのような表出をとりあげ、気持ちが落ちこむということについて、児童たちの体験を自由に語らせていきましょう。最後に、辛いことがあったときにどうすればよいのか、というテーマで児童に討論をさせます。

　この年齢においては、感情の言葉だけでの表出には限界があります。むしろ非常にさまざまな感情が具体的な場面を通して語られるのがつねです。感情が体験を通して脹らみ、実感と体験を伴った感情として授業を通して実施できれば成功であると考えます。

(2) 小学5年生のメンタルヘルス授業案

　ついで小学5年生です。この年齢はいわば学童期の完成された姿でもあり、同時に子ども時代の晩年でもあります。女児であればすでに半数が初潮を迎え、青年期の急激な変化の直前の輝きに満ちた時代です。同時に、友人関係のギクシャクが生じやすい時期でもあります。チャム（同性の親友）が成立し、また友人グループ間、あるいはグループ内で

のいじめが生じやすい時期でもあります。

　この学年のテーマは、「人との心理的距離」です。自分にちょうどよい人との距離の保ち方について実感するロールプレイを、つぎの要領で行っていきます。

　①最初に、現在の感情の表出をさせましょう。このときに、とくに体の状態に注意を促します。たとえば、「目をつぶって体を感じてみよう。同時に、心を感じてみよう」といった言葉かけで促すとよいでしょう。

　②つぎに、二人組を作り、相互にゆっくり近寄って行き、脅威を感じたらストップをかけるというロールプレイを行います。これはとても遠いところでストップをかける子や、抱きつくところまで近寄ってしまう子などさまざまな場合が出てくると思います。

　③続いて、このときにどんな気持ちだったかを、体の状態に注意して言ってもらいます。たとえば、「どきどきしちゃった」とか「近づいてくれて嬉しかった」「もっと近づいて欲しかった」といった表出がなされれば成功です。

　④最後に、授業の最初の感情とどう変わったかを確認させます。多くの生徒は最初とは気持ちが違っていることに気づくはずです。またなかには、先に述べたように、対人的な距離が非常に遠い、あるいは近い生徒がいるはずです。

　このようなロールプレイを通して、さらに友達との一番安心できる距離はどのような距離であるのかを話し合わせることがこの授業の主眼となります。また、対人的な距離の話題から、「友達とのことで最近無理をしすぎていない？」といった問いかけを行い、友人との接し方について発展していけばさらに有意義なものとなるでしょう。

　最後にまとめとして、この何年間かの気持ちの変化を子どもたちに表出させ、体が変わると心も変わることの確認をし、そして話し合いのなかで「体が変わると心が変わるのは当然のことなんだよ」と確認できるとよいでしょう。

このような対人距離や心と体の関係を考える体験は、授業をとおして児童が青年期へ向かうための準備に役立つのではないかと思います。

(3) 中学2年生のメンタルヘルス授業案

　この授業は中学1年生に行うべきであるのかもしれません。中学2年生で行うのであれば、必ず1学期に実施する必要があります。なぜかというとご存じのように、2年生は夏休みを越えるとすっかり変わってしまうからです。この年齢は青年期のさまざまな問題が集約して現れる時期です。したがって、メインテーマは「イライラの対応法」となります。実際には授業のみで解決するのはかなり難しいところがありますが、それでもこの授業がまったくない現状よりは、実施すればそれなりの成果があるのではないかと思います。

　中心は、イライラについてのイメージ練習です。つぎのような手順で、生徒に討論をさせていきます。

　①イライラ場面を思い起こし、可能ならその内容を表出させていきます。

　②ついで、「人にぶっつけず我慢せず解消するにはどんな方法があるだろう？」という提起を行い、話し合わせます。

　③教師の側から、一つの解決方法として「大切な人を心に思い描いてみる」「その人につながっているものを触る」といった方法を提示し、イライラ場面の想起と、解決法の練習を実際に実行させます。思い起こしたイライラした気持ちがどのように変わったのかを少し語らせてみるとよいでしょう。

　④さらに、イライラの内容を紙に書く、絵に描くということを試みさせます。そして場合によっては、その書いた紙を破らせて、気持ちがどのように変わったか確認をさせます。このような作業をそれぞれ、言語化に平行して同時に行わせ、イライラを外に表す意味について考えさせていきます。

⑤最後に、不愉快な場面を自分から避けるという対処方法について検討させます。このときに、教師のほうから「避けようとするとよく出会うこともあるよ」という事実について、指摘をするとさらによいかもしれません。

　この授業においては「こんなときには養護教諭や両親に相談をしよう」という提案を行うことも重要であると思います。その具体的内容は、「学校が辛くて仕方がない」「両親がうっとうしくて仕方ない」「男であること、女であることがたまらなくいや」、さらに「死にたくなってしまう」などの中学生ではしばしば起こる問題です。

　この授業においては、イライラという表現が困難なものを少しでもとらえやすいものにして表出を行い、言語化への道を探ることが課題の中心となっています。

(4) 高校1年生のメンタルヘルス授業案

　高校1年生は高校入学を果たし、ややほっとしている時期です。この年齢では正面からいわゆる精神保健の授業を行ってもよいのではないかと考えます。主たるテーマは、精神科的疾患の初期症状の知識を提供することです。精神科疾患の概説を行ったあと、「つぎのようなことに悩んでいたら早急に相談をする必要がある」ことを伝えましょう。

- 一人でに考えが浮かんでしまう、頭の中が騒がしい、皆が自分のことを噂しているように感じられる。（精神分裂病）
- 不眠、暗い考えばかり浮かぶ、死にたい。（うつ病）
- お腹に食べ物が入ると落ち込む、食べ出すと止まらない。（摂食障害）
- 自分がいやな臭いを出している。（自己臭妄想）
- きれい汚いが気になって、生活が出来ない。（強迫性障害）
- 記憶が飛んでしまうことがある。（乖離性障害）
- 自分をめちゃめちゃにしたい、いらだつと押さえられない。（衝動

コントロールの障害）

　この授業においては、たとえば児童うつ病のスケールや不安尺度などの自己評価による評価尺度をつけさせてみることを同時に行ってもよいと思います。

おわりに

　先に述べたように、本来は1年間にわたる継続的な授業が行われても、十分とは言いにくいのですが、今日生徒のメンタルヘルスに関する要請は焦眉の課題ではないでしょうか。まずは第一歩から進めていくことが必要であると考えます。養護教諭の先生方の創意工夫に満ちたメンタルヘルスの授業が実施されることを期待しています。

（杉山登志郎）

付録

メンタルヘルスの基本的用語集

インフォームド・コンセント

　直訳をすれば「説明を受けた上での同意」です。もともとは医療の現場から出てきた基本理念で、本来は法律用語です。＜患者が＞受ける＜医療＞サービスに対して、十分な説明を受けたうえで、行うサービスを選択し同意したということを意味します。医療のように、伝統的に、サービスを行う側が、受ける側の意志や意図を十分に考慮しないで一方的に判断を下してきた現場で、サービスの受給側が内容を取捨選択できることが当然の権利として認められてきました。

　この受給側の自主的な選択には当然ながら受給側の責任が伴います。この理念は現行の教育現場でもある程度適応ができるのではないか、必要なのではないかと思います。

いじめの透明化

　該当生徒が精神的にも加害者に巻き込まれ、いじめの事実があるのに否定したり、周囲からは何も事実がないように受け取られやすい状況のことです。多くは、いじめの加害者との対人関係が、校内においての被害者の唯一の人間関係になっているときに見られる現象です。

カウンセリングと精神療法

　カウンセリングとは、カウンセラー（相談や治療を行う側）がクライアント（相談や治療を受ける側）と面談をし、主として言語を媒介にして相互に心理的影響を与えていく過程のことです。この過程においては、対人関係が重視されクライアントの気づきを伴った行動の変容を目標にしています。カウンセラーは自由に話し合えるための信頼関係、雰囲気、受容的態度など相互信頼感の確立に努めながらクライアントが自由な感情表現を行い、自己洞察ができるように配慮を行う必要があります。

　カウンセリングが心理学をベースに発達した概念であるのに対して、精神療法は精神医学において使用される概念で、とくに薬物療法との対

比で用いられます。治療者が薬物を提供して治療を行うことが薬物療法ですが、情緒的障害を持つ患者さんに面接をとおして症状の除去や適応を導いていく治療が精神療法です。

外傷体験とフラッシュバック

「外傷体験」とは、危機に対して生体が本来持っている防御態勢が機能しなくなるほどの大きな脅威的な体験によって、心に受けた大きな傷つき体験を言います。最近は、英語の用語であるトラウマがそのまま用いられることもあります。自然災害や戦争の体験、病気やけがの体験、肉親の死などの喪失体験、幼い頃の家族関係における虐待、犯罪やレイプなどの被害の体験が代表的なものです。

「フラッシュバック」とは、その過去の外傷体験が突然想起され、まざまざと再体験をする現象を言います。過去の映像的な記憶に圧倒され、外傷体験場面と同じパニックに陥ってしまいます。たとえば、あるレイプ被害にあった女性がその加害者の着ていた「赤いセーター」が焼き付いていて、「赤いセーター」を着た男性に道を聞かれたときにその生々しい体験がよみがえり、パニックを起こしてしまうといった状況です。このようにフラッシュバックは、臭い、雰囲気、音などあらゆる五感を通した刺激が引き金によって誘発されてきます。

解離性障害

解離とは、葛藤にさらされたときに、過去の記憶や意識の連続が飛んでしまう現象をいい、かつてはヒステリーの部分症状と考えられていました。最近になって、この現象がとくに注目を集めているのは、子ども虐待などの外傷体験との関連です。心理的外傷となる辛い体験の記憶は統合が出来ないことが少なくありません。また継続的に虐待などを受けているときには、意識を自分自身から遊離させてしまって、現実に直面しなくてすむようにするという一種の防衛メカニズムが作動します。そ

のためにしばしば外傷体験は部分的にしか想起できないということが生じるのです。

解離はさまざまなレベルがあり、軽いものは実感がわかないという状態から、記憶に不連続な所がしばしば起きる状態、さらには多重人格障害といって、一人の人間の中に役割が異なったいくつかの人格がつくられるといった現象にまで発展することがあります。

器質的

器質的とは、体の組織のという意味です。心の病気の領域で器質的な問題があるという時には、一般的に脳や中枢神経系の生物学的な異常を持つということを意味します。狭くは脳の形の異常、脳の組織の異常ですが、広くは脳波の異常や中枢神経系に作用する薬物（たとえば覚醒剤やシンナー）による脳の働きの異常なども含まれます。

強迫症状

ばかばかしいとわかっていても打ち消そうとすると、不快もしくは不安な気持ちになって打ち消すことができない気持ち（強迫観念）や、そのために繰り返し反復してしまう行動（強迫行為）を言います。外で触れたものは何か汚いものがついているようで何度も手洗いを繰り返してしまうという不潔恐怖など、さまざまなものがあります。強迫を主症状とする強迫神経症以外に、それ以外の心の病気の部分症状として現れることもあります。

コンサルテーション

二人の専門家による援助の形で、援助を行う側をコンサルタント、受ける側をコンサルティと呼びます。そこでは、コンサルタントがコンサルティの抱えているあるクライアント（児童生徒）の問題を、コンサルティの活動や仕事の中で解決できるように専門的な助言をしていきま

す。この場合の焦点はコンサルティの内面にある個人的な葛藤ではなく、コンサルティの問題の扱い方にむけられています。これに対し、治療者の内面の動きまで踏み込んだ検討を行う助言をスーパーヴァイズと呼んでいます。コンサルテーションは一般的に、同じ職域間で行われる援助関係ではなく、領域を異にした二人の専門家同士で行われるものを意味しています。

サザエさんモデル

長谷川町子作漫画「サザエさん」の家族の形態と特質のことです。磯野家の7人は、それぞれが生活するなかで、個人の持ち味が生かされ、困難があっても他の成員にとってなくてはならない存在として親しみ認め合っています。このような個性の違う人々がプラスに関係性を作り上げている状況を表しています。

CT、MR

CTはコンピュータ断層装置（computed tomography）の略で、放射線を用いた断層写真をとる装置。MRは（magnetic resonance）の略で、磁気共鳴を用いた同じく断層写真をとる装置です。脳の形態の細かな異常がこれらの装置を用いれば鮮明にわかり、脳の器質的異常を見いだすのに大きな力を発揮しています。

思春期と青年期

この両者は時に混同して用いられることがありますが、思春期とは生物学的な概念であり、青年期とは社会的な概念で、厳密には異なっています。思春期とは第二次性徴による体の急激な変化の時期を指します。したがって、男女とも思春期スパートと呼ばれる急激な身長の増加と、男性であれば精通の開始、女性であれば月経の開始をもって始まり、骨端の成長が停止したところで終了します。一般に10代前半に始まり、20

歳前後には終了します。

　ところが青年期は社会的な概念ですので、第二次性徴に伴う自我の混乱で始まり、社会的な自立によって終了します。したがって、開始は思春期と同じく生物学的な変化で始まりますが、終了は心理的、経済的、社会的自立となるため、今日では20代後半以後にずれこむことが一般的です。

集団力動（グループ・ダイナミクス）

　集団力学の研究から用いられるようになった言葉です。集団を構成している人たちが相互に影響を与え合っている関係を持つなかで、集団の心理的な過程に現れる力学的特性を意味します。集団の全体的な雰囲気による個々の人への心理的な影響や変化、また有力な構成員のリーダーシップによって他の個人に与える影響などに用いられます。

少年鑑別所と少年院

　少年が触法行為を行った場合、成人とは異なって、刑罰を受けるのではなく、保護と健全育成を目的とした矯正を受けることになります。この矯正施設には、少年鑑別所、少年院、医療少年院の三つがあります。対象は14歳から20歳ですが、とくに医療少年院では、必要に応じて手続きを行えばある程度の年齢延長も可能です。

　少年鑑別所は鑑別の結果と、家庭裁判所の調査官の記録をもとに家庭裁判所が審判結果を下すまで少年を収容観察する施設で、収容期間は4週間と限られています。

　少年院は、社会の中での処遇が困難と判断された少年を収容して矯正教育を行うための施設です。職業指導、生活指導、教科指導、体育・特別活動の四つが矯正教育プログラムの中心です。

　医療少年院は、矯正教育に加えて専門的な医療を行う施設で、精神や

身体の疾患及び障害のために、専門的な医療を必要とする少年の場合に用いられます。一般の少年院よりもより個別にプログラムされた医療と矯正教育とが実施されます。

人格水準

　人格とは社会状況のなかで現われる反応や行動のパターン全体を言います。心の病気の場合、この人格のレベルは三つに分けられています。もっとも軽症であるのが神経症レベルで、健康な状態から病気としてのはっきりとした始まりがあって、定まった症状（不安神経症なら不安発作など）をもっていて、人格は保たれています。つぎが人格障害レベルで、始まりは明確ではなく、人格そのもの、つまり考え方や行動のパターン全体が常識的な範囲からかなり逸脱をしていて、ときには精神病レベルの症状も一時的にであれば出現したりします。また一定の症状というよりも不安発作も強迫症状もと、多発性が見られる（汎神経症といいます）のが特徴です。もっとも重症であるのが精神病レベルで、幻覚、妄想と言った非日常的な独特の症状がいつも見られ、人格そのものが混乱をしていて社会的な機能は果たせなくなります。

精神病理

　病理とは病気の原因のことですので、精神病理とは心の病気の原因を意味します。一般的に精神病理と言った場合、器質的な問題は除外し、心理学的な問題を意味します。精神分析学による説明、また力動心理学・力動精神医学による説明、現象学的人間学による説明、さらに認知心理学による説明など、さまざまな立場から心の病気に対するアプローチが試みられています。

ソフトサイン

　正式にはソフトな神経学的サイン（soft neurological sign）といいま

す。一言でいえば極端な不器用の存在を示唆する微細な（ソフトな）徴候（サイン）です。手の指の微細運動や腕の協応運動（ドアのノブをひねるときのようにいくつかの筋肉の動きを組み合わせて可能となる運動）の拙劣さ、腕や足の姿勢を保持する運動の困難さなどを組み合わせて陰性（異常なし）陽性（異常あり）を判定します。一般に、高機能広汎性発達障害や注意欠陥多動性障害など軽度の発達障害では、どの問題でも小学校低学年ではソフトサインが陽性になる傾向がありますが、それらの子どもの大多数は、9〜10歳にかけてソフトサインが陰性になり、極端な不器用から抜け出していきます。

DSM

　アメリカ精神医学会作成の精神疾患の診断基準で、正式には「精神疾患の診断と統計のための手引き（Diagnostic and Statistical Manual of Mental Disorders)」と言います。その第4版が1994年に出版されDSM-Ⅳと略称で呼ばれていますが、世界保健機構（ＷＨＯ）作成の「疾病の国際基準第十版（ICD-10）」とならんで、現在世界でもっとも広く使われている国際的診断基準です。この診断基準では、診断のぶれをなくすために、操作的診断基準を採用しています。たとえば、ある疾病の症状を12提示し、その内の6つ以上に当てはまれば診断ができるといった方法です。またこの診断基準では、正式には多軸診断を行います。第Ⅰ軸が精神科の疾患群、第Ⅱ軸が人格障害と精神遅滞、第Ⅲ軸が身体的な状態、第Ⅳ軸が周囲の環境、第Ⅴ軸が適応水準で、それぞれを評価するようになっています。

　心の病気や発達の問題に関しては、これまで診断のぶれや不一致といった問題が多発してきました。国際的診断基準は、これらの問題が生じないために工夫されたもので、心の臨床の領域では現在広く使われております。

無意識

　個人の行動を決定したり、左右したりするものでありながらも本人には意識されていない心理過程のことを言います。精神分析学の祖フロイトは、「無意識」が基本的には現実を無視しがちな力を持ち、それゆえにふだんは抑圧され、意識に登ってこないと考えています。睡眠中の夢や自我の力が緩んだ病的心理的状態で症状として現れると考えています。一方ユングは、フロイトとは異なり、意識と無意識が相補い合い調和するものと位置づけています。そしてそれは心の最深層にあり、世代や時代を超えて人類共通の領域があるとし、集合的無意識と名づけ、個人的無意識と区別しています。

燃え尽き症候群

　対人関係のサービス業において、本来は献身的で意欲的であった個人がエネルギーを費やしても成果が現れず、仕事量のみが増え、意欲をすっかり失ってしまった状況を言います。燃え尽きを起こしやすい職業とは、投入したエネルギーと成果とが比例せず、達成感が非常に得にくい状況が常在化している職種で、中学校教師は燃え尽き度のもっとも高い職業として知られています。燃え尽き症候群は仕事の仲間の中で相互に感染しやすく、一人の燃え尽きが生じると、同じ職場で次つぎと燃え尽きるものが現れることになります。支えあえる職場の仲間がいることや、仕事以外の余暇や友人を持つことが燃え尽きの予防に優れた効果をあげることが知られています。

力動心理学

　本来の意味は、人間の行動が無意識の衝動と超自我の抑制との間の力学的な関係のなかで決められると考える心理学の立場を意味しますが、今日では、人の行動に心の中の無意識の領域が強く影響を与えていると考える立場全体に用いられています。言い換えると、人の現在の感情や

行動の上に、過去の体験や感情が無意識ではあっても強い影響を与えているると考えるわけです。

（杉山登志郎・海野千畝子）

あとがき

・JSPP（日本小児精神医学研究会）について

　子どもの心の問題が新聞に載らない日はないほど子どもの心の問題は多発し、対応策をたてることが求められていますが、このような心の領域を扱う専門家となるためには、臨床経験とその治療に対するスーパーバイズが欠かせません。心の領域を扱うときに、心の臨床に現れるさまざまな患者－治療者間の相互作用を、一つひとつ取り上げていくのがスーパーバイズセッションです。そこでは、助言者によって、場合によっては治療者と患者の言葉一つひとつを取り上げて、そこに何が起きているのか検討することが行われます。このような本格的なスーパーバイズでなくとも、いくらかでも症例の深い検討を行おうとすれば時間をかけた討論が不可欠となります。

　児童精神科医はもっとも需要バランスの悪い臨床領域で、わが国においては学会の認定者が90名ほど、実際に訓練をつんだ臨床医は200人程度しかいません。いきおい子どもの心の問題は、心身症を扱ってきた小児科医によって治療が行われる機会が増えてきたのですが、小児科医の場合その多忙さもあって、心の臨床に欠かせない症例検討の機会は概して乏しいのが実状です。

　こんなわが国のお寒い状況を何とか改善ができないものかと、1988年に、当時はまだ若手の児童精神科医と心身症を担当する小児科医によって、非公開の症例検討会が2泊3日の缶詰状態で開かれました。こうしてお互いに症例を持ち寄ってみると、われわれ児童精神科医は、小児科の先生方がびっくりするような重い患者さんをたくさん抱えて奮闘しているのに一驚したのでした。この小さな研究会はその後も、年に1回継続して行われるようになったのです。

　発足当初は、偉い先生が入ってくると自由な討論ができないからと、45歳以上は原則として入れないようにしようなどと話し合っていたので

すが、10年余がたってみると、最初から参加していた中心メンバーは皆々しっかりと制限年齢を超えてしまったのでした。

・学校における子どものメンタルヘルス対策マニュアルを作るに至った経緯

　この会が症例検討を放棄して、すべての時間を統一のテーマに絞って討論をしたことが2回ありました。1回目は1995年です。ＪＳＰＰの開かれる直前に阪神大震災が起き、われわれは一切の予定を中止して、災害時の小児メンタルヘルスに限定した報告と討論を行いました。その結果は、災害時のメンタルヘルスとして140ページにわたる報告書となり、震災の被害地に、あるいは被害地から避難をした子どもを受け入れた地域に配られたのでした。

　2回目が1999年です。神戸の小学生連続殺人事件をはじめ、青少年の犯罪が大きな衝撃を与え、また小学校で通常の授業ができないいわゆる「学級崩壊」があちこちの地域から報告され、学校でのメンタルヘルスが大きなテーマとなったからです。われわれは専門家として、このような現場の状況に、具体的な対策を示すことができなければならないと考えました。この討論の後、その結果をぜひ出版しようということになりました。1年あまり時間をかけ、討論内容を再考し、分担執筆をしてこの本が出来上がりました。

　われわれは学校無用論など、ある種の極論とは一線を画しております。学校がその役割を変えつつも、子どもにとってこの後も、とても大切な場所となり続けるに違いないと考えるからです。この本が、学校の現場で苦闘してみえる特に教師の方々に、実務的に役立つものとなると信じております。

　なお末尾になりましたが、煩雑な制作の労を引き受けられた、ひとなる書房の小川さんに深謝いたします。

本書編集委員会を代表して　杉山登志郎

執筆者一覧（執筆順）

杉山登志郎	あいち小児保健医療総合センター	（第1章、第2章第3節、第3章第3節、第6章第2節、第5節、付録）
辻井正次	中京大学社会学部	（第2章第1節、第3章第4節 c、第5章第1節）
笹竹英穂	中京女子大学	（第2章第2節）
西本佳世子	松山記念病院	（第2章第3節）
海野千畝子	あいち小児保健医療総合センター	（第2章第4節、第6章第3節、付録）
稲垣由子	甲南女子大学人間科学部	（第2章第5節）
後藤晶子	国立肥前療養所	（第2章第6節）
本城秀次	名古屋大学発達心理精神科学教育研究センター	（第2章第7節）
氏家 武	北海道こども心療内科氏家医院	（第3章第1節）
池永佳司	池永クリニック	（第3章第2節）
大澤多美子	広島市児童療育指導センター	（第3章第4節 a）
小枝達也	鳥取大学教育地域科学部	（第3章第4節 b）
宮本信也	筑波大学心身障害学系	（第3章第4節 d）
河村雄一	豊田市こども発達センター	（第3章第4節 e）
汐田まどか	鳥取県立皆生小児療育センター	（第4章第1節）
川畑友二	クリニック川畑	（第4章第2節）
塩川宏郷	自治医科大学小児科	（第4章第3節）
浜副 薫	鳥取県立皆生小児療育センター	（第4章第4節）
星野仁彦	福島学院短期大学附属メンタルヘルスセンター	（第4章第5節）
山崎 透	静岡県立こころの医療センター	（第4章第6節）
長尾圭造	（財）浅香山病院精神科	（第4章第7節）

奥山眞紀子　埼玉県立小児医療センター（第4章第8節、第5章第4節）
若子理恵　愛知県心身障害者コロニー中央病院（第5章第2節）
鈴木基司　みどりクリニック（第5章第3節）
岡本正子　大阪府中央子ども家庭センター（第5章第3節）
花井正樹　東海女子大学（第5章第5節、第6章第4節）
齊藤万比古　国立精神・神経センター国府台病院（第6章第1節）

学校における子どものメンタルヘルス対策マニュアル　　©2001
2001年11月10日　初版発行
2004年9月27日　二刷発行

編　者　JSPP編集委員
　　　　　編集代表　杉山登志郎
　　　　　編集委員　小枝　達也
　　　　　　　　　　宮本　信也
　　　　　　　　　　長尾　圭造

発行者　名古屋　研一

発行所　㈱ひとなる書房
　　　　東京都文京区本郷2-17-13
　　　　　　広和レジデンス1F
　　　　TEL 03（3811）1372／FAX 03（3811）1383
　　　　E-mail:hitonaru@alles.or.jp

印刷・製本／モリモト印刷㈱
＊落丁本、乱丁本はお取り替えいたします。

ひとなる書房・好評の本

※本体価格(税抜き)表示です。

●21世紀の教育・人間形成の構図
「教育」からの脱皮
汐見稔幸著・四六並製・本体1800円

現代教育が抱える問題を少し先の時代に足を置いて光を当て直し、新しい芽生えを引き出しながら21世紀の教育課題とイメージを鮮やかに描き出す。「共生」「人間」・人生賛歌」の未来学校の設計図。

●新版
お母さんのカウンセリング・ルーム
三沢直子著・四六並製・本体1600円

しつけ問題や仲間づくりのポイント、行政への提言など、母性神話に縛られ孤軍奮闘する母親達の支持を得て口コミで読みつがれていた好評書を、激変する育児環境をていねいにフォローして大幅に改定！

●学校を楽しさと安心の場に
「荒れる」子どもたちから教えられたこと
今泉博著・A5並製・本体1300円

共感と対話を重視し、やらせの無い自由でリラックスしたクラスづくりを模索する中で、「荒れ」「クラス崩壊」を克服し、白熱した授業を創り出していく。悩む教師、親を元気づける教育実践。

●親子関係づくりのカウンセリング
心の力が育つとき
上山真知子著・四六上製・本体1700円

LD(学習障害)児・自閉症児の療育、不登校児のカウンセリングなどに関わる小児科の臨床心理士からの子育てアドバイス。もう少しだけ肩の力を抜いて向き合えたら…そんなあなたを元気づける本です。

●幼児期に欠かせない人間らしさの"芯"の育ち
早期教育が育てる力 奪うもの
加藤繁美著・A5並製・本体1300円

知的早期教育によって子どもの「人間性」まで育っているのでしょうか。早期教育の現状と問題点を明らかにします。対応に悩んでいる親にも、早期教育に頼る前にぜひ読んでほしい。

保育者・教師のための
子ども虐待防止マニュアル
奥山眞紀子・浅井春夫編著〔埼玉子どもを虐待から守る会〕
A5並製・本体1600円

深刻化している子どもへの虐待の実態と、その対応を専門家の立場からケース事例で明らかにする。児童相談所等の関係機関一覧も掲載。子育てに関係する全ての人のための必携マニュアル。

●憧れとささえを育む保育
発達を見る目を豊かに
河崎道夫著・A5並製・本体1500円

もっと柔軟に一人ひとりの子どもの「かけがえのなさ」を尊重する保育をするためにはどうすればいいのか？現場で得られた貴重な実践と、愉快なエピソードを添えて解説する新発達論。

子どもをわかるということ
【執筆】茂木俊彦／高垣忠一郎／竹沢清
片山恵子／大関重治
A5並製・本体1600円

子どもを受け入れるゆとりがありますか？とても大切だけど、大変になってきている子ども理解。保育、障害児・少年～思春期の教育の原点を見つめながら力強く元気づけてくれる本。